EL DECORADOR DEL HOGAR

ARMARIOS Y ESTANTERIAS

JILL BLACKE

DISTAL

Editorial Distal
Corrientes 913, (C1043AAJ)
Buenos Aires - Argentina
Tel.: 54 – 11- 4326 - 1006
Fax: 54 – 11- 4322 – 0114
E-Mail: distal@ciudad.com.ar

Director: Julian Telias
Edición: Estheban Reynoso
Diseño: Millions Design ; Sarah Kidd
Diseño de portada: Peter Crump
Fotógrafo: John Freeman
Traducción: Mauricio Prelooker
Corrección: Aníbal Yuchak
Armado: Scanman

Primera edición en castellano publicada
por Editorial Distal en coedición con
New Holland (Publishers) Ltd.

LIBRO DE EDICIÓN ARGENTINA

Impreso en Singapur

NOTA DEL EDITOR
El autor y el editor han hecho todos los esfuerzos
necesarios para asegurar que todas las instrucciones
contenidas en este libro sean precisas y seguras,
y no pueden aceptar responsabilidad alguna por cualquier
lesión, daño o pérdida para personas o propiedades,
cualquiera que sea la manera en que ocurran.
Si surge alguna duda en cuanto al procedimiento correcto
a seguir en cualquier tarea de mejoras en el hogar,
busque asesoramiento profesional.

ÍNDICE

INTRODUCCIÓN   6

PLANIFICANDO Y TOMANDO MEDIDAS   8

TOMANDO DECISIONES DE DISEÑO   18

CONCENTRÁNDONOS EN LOS ESTANTES   32

ARMARIOS Y ALACENAS   50

ENCONTRANDO LUGARES PARA GUARDAR   60

ALMACENAMIENTO INSTANTÁNEO   72

GUARDANDO LOS ÚTILES DE TRABAJO   80

INDEX   94

INTRODUCCIÓN

Todos tenemos la tendencia a acumular cosas, y si queremos tener un hogar prolijo necesitamos almacenarlas adecuadamente. Pero en muchas casas y departamentos no hay demasiado espacio para ubicar armarios, cajones y estantes, con lo cual aparecen dificultades. Este libro ofrece respuestas a sus necesidades de acuerdo con el espacio disponible y con su presupuesto. Si usted se propone colocar estantes, hay instrucciones sobre la forma de instalarlos y los materiales a elegir. Si hace falta instalar unidades aisladas de almacenamiento, se informa sobre posibles opciones, incluyendo la compra de elementos usados y la manera de renovar viejos muebles. También hay sugerencias para aprovechar espacios no utilizados e ideas para almacenar cosas de inmediato, sin costo y con estilo.

COMPOSICIÓN DE LUGAR

Intente ver su hogar con nuevos ojos (es difícil si ha vivido allí por mucho tiempo, y más fácil si acaba de mudarse o está por hacerlo). Si el desorden de las cosas acumuladas lo abruma, no se precipite a comprar cualquier cosa para guardarlas. Antes de hacer nada, tome decisiones sobre el aspecto final que tendrá la habitación con la solución elegida, especialmente si los elementos a incorporar afectan el estilo general. Planifique integralmente lo que necesita para obtener un resultado que tenga en cuenta todo lo que va a hacer.

Ubique los lugares desocupados que pueden usarse para guardar cosas. Debajo de una ventana, por ejemplo, con frecuencia no hay nada. Una gran caja con tapa ubicada debajo de la ventana puede convertirse en un asiento que además guarda juguetes, equipaje o equipos deportivos.

También se pueden ubicar estanterías para libros en los ángulos de una habitación o entre dos columnas. Una pequeña ventana puede convertirse en el lugar ideal para instalar un estante que funcione como escritorio o tocador fijado a la pared con unas ménsulas ubicadas en los costados o debajo de la ventana. Debe cuidar que las cortinas no le quiten luz al plano de trabajo. De esta manera la mayor parte del piso de la habitación queda libre obteniendo un efecto elegante, moderno y prolijo.

POR ENCIMA DE SU CABEZA... Y POR DEBAJO DE SUS PIES

También se puede encontrar espacio en lo alto. Si en un dormitorio o un baño se fija firmemente al cielorraso una estantería, y si luego en sus costados se agregan alacenas, es posible construir un recinto que puede cerrarse con una cortina o empapelar sus cuatro lados con láminas decoradas. En la zona de la cocina y de los servicios los estantes suspendidos del techo y los tendederos (que suben y bajan mediante cuerdas y poleas) pueden ser prácticos y decorativos cuando se usan para exhibir canastos coloridos, secadores

de flores y hierbas, baterías de cocina y brillantes sartenes de cobre.

Se pueden usar igualmente estos estantes colgados en garajes para almacenar herramientas o equipos para el jardín; en los baños se pueden guardar toallas limpias plegadas y papeles higiénicos comprados al por mayor; en los cuartos de adolescentes se guardan equipos y accesorios deportivos; en la habitación de los niños los juguetes, teniendo en cuenta el factor seguridad cuando se trata de niños pequeños.

El espacio arriba de las puertas puede convertirse en un buen lugar para colocar un estante o un pequeño armario (también en este caso resulta esencial una fijación firme). Arriba de los armarios, roperos y alacenas de la cocina existe un lugar útil para las cosas escasamente usadas.

El desván ha sido durante mucho tiempo el sitio tradicional para guardar las cosas en desuso, pero valdría la pena instalar una claraboya para permitir que pase la luz natural durante el día, además de instalar iluminación eléctrica adecuada, colocando también una escalera plegable de bue-

Arriba: El almacenamiento puede ser a la vez práctico y decorativo; los frentes de los estantes adquieren un toque personal agregando un diseño repetitivo que decora una madera de colores claros. El arreglo de libros, adornos, frutas y flores incorpora una atmósfera campestre a la habitación. Para obtener un efecto mayor, ilumine puntualmente una parte de los estantes.

Izquierda: *Una pared llena de estantes para libros atrae la vista en una habitación rectangular, creando una atmósfera de biblioteca; todo el conjunto está bien iluminado desde arriba para que se puedan leer los títulos de los libros, y usar con el máximo de eficiencia la zona del escritorio.*

na calidad y estanterías industriales con un camino de tablas en el piso que permita llegar a ellas y evite pisar el cielorraso del piso inferior.

¿Y qué puede hacer bajo sus pies? Tal vez pueda cortar en el piso de madera una puertatrampa y usar el lugar por debajo del piso para almacenamiento de seguridad. Varias compañías fabrican cajas de seguridad para utilizar en esta posición. En algunas habitaciones pueden instalarse tarimas creando un área de desniveles o un anfiteatro para conversar, debajo de los cuales pueden almacenarse cosas. En los cuartos de adolescentes o de niños, las camas o las literas pueden sobre-elevarse hasta una altura adecuada, usando el espacio que queda debajo para guardar ropa; o colocar un pupitre, estantes o una cómoda; instalar una banqueta o un aparato de gimnasia.

Por debajo de las camas existe un montón de espacio desperdiciado. Si éstas tienen patas, es fácil instalar cajones con ruedas que permitan un fácil deslizamiento. Hay camas que se venden con sus cajoneras incluidas: considere esta posibilidad si tiene pensado comprar camas nuevas.

En el baño suele existir espacio disponible por debajo del lavatorio, se pueden comprar muebles que incluyan algún espacio para almacenar o estantes o fabricarlo usted mismo cerrándolo con una cortina de tela que combine con el resto del amoblamiento.

REPENSAR TRAE BENEFICIOS

En el hogar hay muchas áreas que se pueden mejorar ampliamente, usándolas de una manera mucho más práctica. Por ejemplo: el tradicional armario bajo la escalera es a menudo un lugar para deshacerse de cosas. Una opción consiste en abrir este lugar para crear un pequeño lugar de estudio con escritorio, estantes, etc.. O puede ser suficientemente grande como para almacenar objetos de vidrio, botellas y porcelana; hacer un

cuarto ropero, o instalar un vestidor con ducha. El espacio en un dormitorio bastante amplio puede ser dividido mediante islas de roperos colocados en ángulos rectos con las paredes principales, creando un vestidor separado y duplicando el espacio de almacenamiento.

Arriba: *A menudo un amoblamiento sencillo puede ser el más efectivo; los estantes simples laminados en blanco quedan suspendidos mediante soportes metálicos pintados haciendo juego con una mesa rodante y la estructura de sillas recicladas, creando el esquema de una pequeña oficina casera integral*

PLANIFICANDO Y TOMANDO MEDIDAS

En un mundo perfecto, el hogar ideal tendría "un lugar para cada cosa y cada cosa en su lugar". Pero a medida que una familia crece y aparecen nuevos intereses y hobbies, todos coleccionamos cosas esenciales y vacilamos ante la idea de desprendernos de cualquier elemento que pudiera volver a usarse. Como resultado, nuestros hogares se ven atestados de pertenencias, y se vuelve esencial un almacenamiento adecuado para que todo se mantenga limpio y seguro, y para crear un placentero ambiente hogareño.

Por regla general, nunca se tiene demasiado espacio para almacenar, si bien sus pertenencias tenderán a aumentar hasta ocupar todo el espacio disponible. Tal vez desee disponer de un sistema flexible de almacenamiento de las cosas importantes, pero sucede que muchas casas y departamentos no tienen demasiado espacio para instalar armarios, estanterías o roperos. O puede verse restringido por un presupuesto ajustado, por lo cual deberá usar inicialmente un sistema de almacenamiento provisorio hasta que pueda adquirir algo más permanente.

DIMENSIONANDO EL PROBLEMA

En primer término, intente planificar su almacenamiento principal. Decida cuánto espacio necesita en muebles sueltos como roperos, armarios y alacenas, muebles especiales, cómodas y cajoneras y cajones para colocar debajo de las camas, estantes para libros, baúles, y todo lo que puede ser guardado en el amoblamiento fijo que tiene la casa. Esta obra puede ser realizada por un carpintero o un ebanista, de acuerdo con sus exigencias; o bien diseñada por un estudio especializado en muebles a medida; brindada por una empresa especializada en la provisión de muebles para dormitorios, cocinas y baños, o diseñada y producida mediante el método de "hágalo usted mismo". Esta última opción no es necesariamente tan difícil como usted podría imaginar.

Antes de llamar a un experto o comenzar a recorrer negocios buscando muebles sueltos, ayuda confeccionar primero un programa de necesidades para definir lo que quiere y qué necesita guardar. Por ejemplo, en el área del dormitorio o del vestidor, haga arreglos para guardar artículos personales tales como ropas, equipaje, ropa de cama y cosméticos. En el baño necesitará espacio para remedios y equipos de primeros auxilios, pero también puede querer guardar toallas limpias, cosméticos, papel higiénico de reserva y otros produc-

Izquierda: Esta puerta de tirar y subir está destinada a ocultar un montón de cosas. También se puede usar para sacar de la vista el aparato de microondas.

Derecha: Las divisiones interiores de los guardarropas deben estar tan bien planificadas como el propio cuarto para poder guardar todo. Aquí todo ha sido medido; las cajoneras, estantes y espacios para el calzado y el equipaje deben ser cuidadosamente calculados.

Abajo: Una heladera, por grande que sea, no es apta para almacenar todos los alimentos que se necesitan; una despensa separada puede incorporar un sector frío para alimentos, canastas de alambre para vegetales y frutas, soportes para botellas de vino y estantes para latas y conservas.

tos. Incluso en este cuarto puede querer guardar algún aparato de ejercicios.

Cualquier armario de ropa blanca debería tener estantes formados por listones para permitir la circulación del aire caliente para el secado de la ropa limpia, aunque no es una buena idea dejar la ropa blanca demasiado tiempo en el calor; por lo tanto planifique un almacenaje seco en otra parte de la casa para las sábanas, toallas y mantelería. Puede encontrar espacio para un ropero o un cajón adecuado en la entrada o en uno de los dormitorios.

En la cocina, organice el espacio para guardar canastas, cestas de picnic, cristalería, vajilla, ollas y utensilios de cocina. Si no dispone de un área de servicios separada, necesitará un espacio donde acomodar el equipo para lavar y planchar, artículos para los arreglos florales, y posiblemente ollas y sartenes para preservarlas. En el comedor deberá guardar los cubiertos, la vajilla, los manteles y botellas y cristalería; en el cuarto de estar haga espacio para libros y grabaciones; en la zona de estudio, incluso en el garaje, puede necesitar almacenar libros, archivos, papeles, materiales para hobbies y equipos de bricolaje.

Para planificar adecuadamente su almacenamiento deberá recurrir a la cinta métrica (recuerde que los centímetros de tela se estiran con el uso, por lo cual no son confiables), y a un tablero de dibujo para preparar un plano en escala que le permita ajustar los distintos armarios y estantes, si-

ALMACENAMIENTO EFICIENTE EN LA COCINA

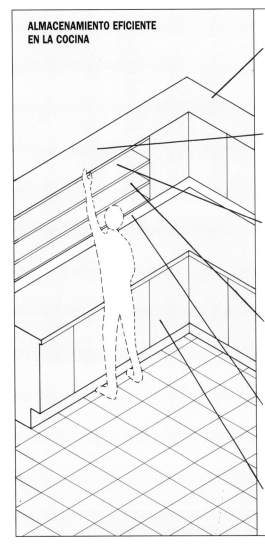

Las alacenas de la cocina, colocadas sobre una mesada, deberían tener una profundidad máxima de 30 centímetros para impedir que las cosas caigan sobre la cabeza cuando se está trabajando.

El estante superior debe colocarse a 105 centímetros de la mesada para que esté al alcance de la mayoría de los adultos. No se deberían colocar objetos pesados a esta altura.

Las cosas que no se usan continuamente deben almacenarse a unos 90 centímetros de la mesada de trabajo para alcanzarlas cómodamente.

Un estante a nivel de los ojos es útil para los ingredientes para cocinar, tales como especias, etc. Estos estantes pueden estar a 150-170 centímetros del piso.

Deje por lo menos 45 centímetros entre la superficie de trabajo y el estante inferior para poder ubicar los aparatos de cocina.

En su mayor parte los lavaplatos se podrán ubicar cómodamente debajo de una superficie de trabajo de 60 centímetros de profundidad.

guiendo las instrucciones que se describen en las páginas 12 y 13. Es mucho más fácil planificar primero en el papel que manipular muebles, puertas y grandes piezas de madera para comprobar que después no calzan en el lugar previsto.

Puede tener que pensar en tres dimensiones, y para esto necesitará dibujar croquis y planos tanto de vistas de las paredes como de la planta de las habitaciones. También la altura puede ser importante, y cuando tome las medidas tenga en cuenta también la profundidad y el ancho de detalles como los zócalos, los marcos de las puertas y ventanas y los recovecos de cada habitación. También tenga en cuenta que las paredes raras veces son perfectamente verticales, por lo cual tome las medidas en diferentes alturas.

Todas estas medidas pueden ser de importancia vital para el desarrollo de cualquier proyecto, porque un error puede conducir a un desastre, pues las estanterías y sus soportes, los rieles para colgar estantes o las guías de deslizamiento de los cajones no entrarán en lugares que no pueden modificarse, o las ventanas no abrirán correctamente. Esto significa que una medición cuidadosa resulta esencial. Si toma medidas de puertas y estantes, asegúrese que estén perfectamente verticales (para los rieles y soportes destinados a sostener estanterías) usando una plomada y verificando la horizontalidad con un nivel de burbuja, y controle siempre dos veces las medidas. Inclusive, como precaución, conviene que otra persona mida de nuevo, y siempre insista en que los carpinteros, ebanistas o proveedores de muebles tomen sus propias medidas, para evitar que lo consideren a usted responsable de los errores en los equipos que entregan.

También tenga en cuenta al pedir a los profesionales presupuestos y estimaciones de tiempo de entrega, qué le entregarán éstos a cambio de su dinero. Algunas empresas entregan sus productos completamente terminados hasta el último detalle, mientras que otras hacen el trabajo de carpintería y ebanistería, y le dejan al cliente la terminación, las molduras y manijas, y que lo decore usted mismo.

Izquierda: Se puede usar el garaje para guardar herramientas y como cuarto de trabajo. Las instalaciones de almacenamiento pueden ser bastante elementales en este caso. Asegúrese que la altura, la profundidad y la solidez de los estantes sean adecuadas para sostener todo lo que quiere guardar allí en forma prolija y ordenada.

NUNCA HAY SUFICIENTE ESPACIO

Todos queremos armarios que sean más grandes por dentro de lo que parecen desde afuera, en especial si el cuarto es pequeño. Si quiere instalar un gran armario en un lugar pequeño, puede forrar las puertas con espejos para crear una ilusión de mayor espacio. Hay sistemas especiales de guías para colgar esas puertas sobre un riel, acomodándose en un rincón, o permitiendo crear un armario de pared completa. Mida siempre con exactitud lo que quiera guardar y relacione estas medidas con el ancho, la profundidad y la altura de los armarios, las cajoneras y las estanterías. Lleve estas medidas y también su cinta métrica cuando salga a comprar muebles sueltos o cuando va a discutir un proyecto con un carpintero o un experto en muebles de medida.

En el comedor, por ejemplo, mida las pilas de platos, botellas, vasos y fuentes. En el living verifique las dimensiones de los libros y de las grabaciones. En el dormitorio mida la altura de su vestido más largo, el ancho y el largo de los abrigos y el ancho, la profundidad y la altura del equipaje. De nuevo piense en el futuro e imagine las posibilidades de almacenamiento. En algunos casos conviene disponer de estantes de altura variable, cajones apilables y cajoneras sueltas, o armarios que se pueden comprar terminados, en lugar de estantes fijos, de tal modo que no necesite agrandar demasiado su espacio de almacenamiento.

Planifique igualmente la iluminación que necesita para los lugares de almacenamiento. Se pueden incorporar luces puntuales en exhibidores para obtener un efecto decorativo; las estanterías para libros y los archivadores deben estar bien iluminados para ver los títulos y otras informaciones de un vistazo; el almacenamiento de cosméticos en el dormitorio y el baño podría incluir un espejo iluminado. Vale la pena iluminar el fondo de un armario y colocar un interruptor que encienda la luz cuando se abre la puerta.

Arriba: ¿Está por construir sus propios placares? Aquí las puertas se deslizan por una ranura y en el interior se han colocado cajones de plástico con el fin de disponer de espacio adicional para guardar ropa. Estos cajones son baratos y puede *agregarlos a medida que los necesite. Consiga ideas en casas de artículos para el hogar que puedan adaptarse a sus propósitos. Mida siempre el interior de los armarios antes de comprar algo para instalar en ellos.*

Derecha: Los cajones de plástico también se pueden colocar debajo de las mesadas de la cocina y usarlos también en las áreas de lavado y planchado. Asegure la precisión de las medidas del espacio disponible.

PLANIFICACIÓN PRÁCTICA

La mejor forma de resolver el modo de instalar muebles y estanterías consiste en definirla previamente sobre un papel, haciendo planos en escala de la planta de cada cuarto. Los planos de las paredes se llaman elevaciones y tal vez las necesite cuando tenga que definir la forma de guardar y asegurarse que las alturas son correctas.

También tiene sentido hacer un plano de toda la casa o departamento para mostrar cómo los distintos cuartos se relacionan entre sí y con el palier, las escaleras y la entrada. Esta planta general le permitirá prever desde el comienzo cualquier cambio en la infraestructura: la instalación sanitaria, eléctrica, tomacorrientes y bocas de iluminación tanto en las paredes como en los cielorrasos y otras instalaciones de infraestructura.

PRECISIÓN EN TODO MOMENTO

Tome las medidas con una regla metálica o una cinta métrica, teniendo en cuenta las salientes y los recovecos. Es una ayuda importante que otra persona sostenga el otro extremo de la cinta y controle por su cuenta las medidas anotadas. Asegúrese de medir las líneas horizontales y verticales verdaderas usando una plomada y un nivel de burbuja.

Anote la posición de las llaves y los enchufes eléctricos, las cañerías sanitarias, etc. No olvide pensar en tres dimensiones y mida la profundidad y la altura de los zócalos, bordes de muebles, cornisas, arcos, etc.; la altura de los alféizares de las ventanas desde el piso, así como su profundidad y ancho, marcos y barridos de las ventanas, molduras, etc., pues muchos de estos detalles constructivos deben ser tenidos en cuenta al instalar los elementos de almacenamiento, para lo cual es necesario dibujarlos en cada una de las vistas frontales.

DIBUJANDO EL PLANO

Dibuje el plano en escala, usando un papel simple, o mejor en un papel cuadriculado que puede conseguir un negocio de venta de artículos de dibujo. Elija la escala que le convenga, pero las escalas más habituales son 1:50, 1:25, y 1:20 (en éstas, un centímetro equivale a 50 centímetros de espacio en el cuarto, o a 25 o a 20). Para dibujar utilice una escuadra y una regla para asegu-

rar líneas rectas y ángulos precisos. Use plantillas en la misma escala que el plano del cuarto de todos los muebles, de las instalaciones de baño o cocina que se proponga instalar; prevea espacio para los muebles existentes o los que se proponga instalar. Conviene colorear estas plantillas para que se vean con mayor facilidad en los planos. Use un color para la cosas existentes, otro para las que piensa instalar, y un tercer color para las que colocaría en el futuro, y así sucesivamente.

Para facilitar el trabajo, puede comprar unas plantillas transparentes que usan los arquitectos, que se proveen en varias escalas en los negocios del ramo. Dibuje los muebles sobre papel o cartulina de colores siguiendo el perfil de las plantillas y luego recórtelas. Compre las plantillas en la misma escala que el plano de su cuarto.

Abajo: *Dibuje su cuarto sobre papel cuadriculado para asegurar un buen comienzo. Dibuje el plano en escala y recorte los muebles en la misma escala; coloque los muebles en la planta hasta lograr colocarlos en una forma práctica y placentera.*

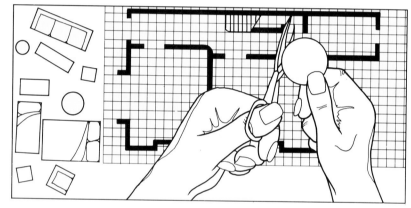

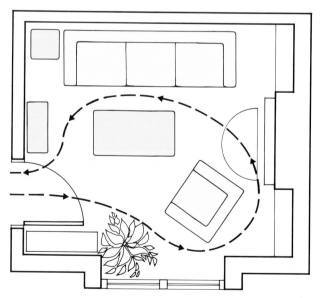

Arriba: *No olvide considerar el movimiento de las personas en cada cuarto. Prevea el acceso a los lugares de almacenamiento y a los enchufes, y espacio para abrir las puertas, los armarios y las ventanas.*

Mueva las figuras recortadas sobre el dibujo hasta alcanzar una disposición satisfactoria; cuando lo logre, dibuje esta disposición sobre el plano. De esta manera evitará dibujar el mismo varias veces.

Prevea espacio para abrir las puertas y ventanas; en el dibujo aleje las sillas de las mesas, desplace los muebles redondos; defina el espacio para las circulaciones dentro del cuarto. Considere el espacio que requieren las puertas y cajoneras de los muebles para abrirse con facilidad, para lo cual puede necesitar mediciones precisas de sus anchos y profundidades. Una vez que definió exactamente dónde se ubican los muebles, artefactos y equipos, puede definir los recorridos de las cañerías, los artefactos de iluminación y las tomas de electricidad, de tal modo que se encuentren exactamente donde se necesitan. Por ejemplo, puede ubicar una luz sobre el centro de una mesa de comedor, o ubicar los artefactos de iluminación de tal manera que los lugares de trabajo en la cocina o en un banco de hobbies no encandilen o produzcan sombras molestas, sin olvidar la iluminación necesaria dentro de armarios profundos. Instale los artefactos sanitarios y de servicio de manera

que las cañerías y desagües tengan los menores recorridos posibles. Prevea los tomas necesarias para los artefactos y equipos, de electricidad, antenas, videos, terminales de computación, teléfonos, centros musicales, etc.

LA OTRA DIMENSIÓN
Las elevaciones (dibujos planos de las paredes) se hacen de la misma manera. Mida con cuidado y replantee la ubicación exacta de puertas, ventanas y chimeneas.

Deje espacio para marcos y vigas, mida la altura de zócalos y molduras para que aparezcan de manera precisa en los planos.

Las elevaciones se pueden dibujar en relación con el plano del piso para obtener una vista en perspectiva de todo el cuarto; y éste puede ser

el primer paso para realizar una maqueta del cuarto y ver el efecto en tres dimensiones.

COLOCANDO TODO ADENTRO
Cuando haya terminado el dibujo sobre papel y establecido con precisión la posición de los muebles y el equipamiento, puede definir cuál es el mejor lugar para ubicar las estanterías y otros elementos que se fijan en las paredes.

Los espacios a cada lado de una chimenea son un lugar adecuado para instalar armarios, estanterías y cajones, pero no olvide que necesita una profundidad adecuada para colgar ropa o almacenar cosas en una posición práctica. A menudo es necesario diseñar el almacenamiento de manera que se proyecte más allá del antepecho de la chimenea.

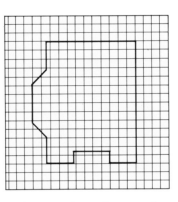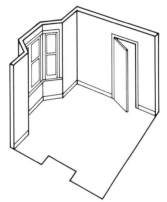

Arriba: *Para obtener la tercera dimensión primero dibuje el plano del piso del cuarto. Esto le permitirá verificar que su equipamiento se ajusta a los accesos y oquedades de la habitación, debajo de los alféizares de las ventanas u otros lugares de difícil acceso.*

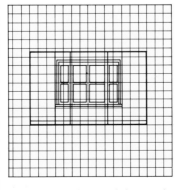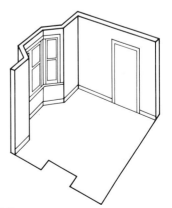

Arriba: *Dibuje la vista de las paredes en escala y ubique las puertas, ventanas y forma de la chimenea, cuidando las medidas. Así podrá apreciar si queda lugar arriba o a los costados de una puerta para colocar estantes y otras formas de almacenamiento.*

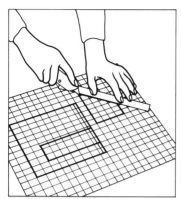

Arriba: *Pegue el plano de la planta sobre un cartón y haga lo mismo con los dibujos de las paredes y luego recórtelos cuidadosamente con una cuchilla de filos descartables ayudándose con una regla, y dejando en la parte baja una pestaña para pegar sobre una superficie.*

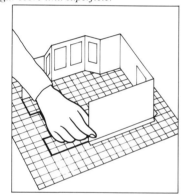

Arriba: *Doble las pestañas y coloque con precisión sobre el dibujo de la planta los dibujos de las paredes de manera que se forme un modelo tridimensional del cuarto.*

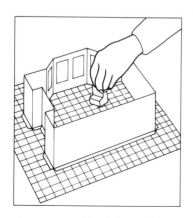

Arriba: *Haga modelos de los muebles en la misma escala y muévalos dentro del cuarto para decidir dónde estarán mejor ubicados. Luego puede decidir dónde ubicar las estanterías.*

A veces se puede aprovechar al máximo el espacio de un pequeño cuarto instalando un armario esquinero en uno o más ángulos. En algunos cuartos como el comedor, este recurso puede agregar encanto y carácter dándole un aspecto poco común. Los interiores de los armarios esquineros deben ser pensados para que no se desperdicie mucho espacio en las partes traseras.

Estos planos le permitirán evaluar el volumen interior de cualquier mueble ya instalado, pero debe tomar en cuenta el espacio que se necesita para abrir las puertas o acceder a los armarios que se piensa agregar. Esto puede lograrse dibujando con una línea de puntos el barrido de las puertas y la profundidad de los armarios. En los dibujos en vista de los muros, se puede estimar la altura a que deben ubicarse los nuevos elementos y se podrá observar si calzan bien por debajo de los antepechos de las ventanas; también podrá verificar si los artefactos de iluminación fijados a las paredes funcionan bien en la nueva decoración o será necesario modificar su ubicación. También puede dibujar en la posición adecuada los soportes para estanterías, las guías para colgar cosas, etc. en relación con el tamaño de lo que usted desea colgar y almacenar.

Este método de proyecto le permitirá también darse cuenta del grado de facilidad con que puede alcanzar los objetos ubicados en estantes y armarios. Mida su propia altura y dibuje una línea roja de puntos sobre los planos de las paredes a la altura de su vista, de manera que pueda ver lo que se encuentra dentro de cualquier mueble sin recurrir a un banquillo.

Recuerde que puede estirar los brazos entre 45 y 50 centímetros por encima del nivel de sus ojos. Si necesita instalar unidades muy altas debería considerar la adquisición de una pequeña escalera plegable o un sistema de banquillos, según su presupuesto.

Arriba: *En este cuarto de baño, alrededor del depósito del inodoro, se han ubicado parantes de chapa en ángulo, perforados y a los cuales se atornillan estantes, utilizando al máximo un espacio que de otra manera se encontraría sin uso. La flexibilidad del sistema permite variar la altura y la cantidad de estantes.*

SIENTA EL ESPACIO

Un buen almacenamiento sólo funciona si alberga todas las cosas que usted quiere guardar en forma eficiente y pulcra. Esto significa que la ropa no aparezca con un aspecto arrugado que requiera ser planchada nuevamente antes de poder usarla; que usted pueda sacar fácilmente los objetos de uso cotidiano sin tener que buscarlos en el fondo; que las cosas frágiles no corran riesgos de daños o roturas. Como en la mayor parte de los quehaceres hogareños, en último análisis todo se reduce a una actitud práctica y a tomar decisiones basadas en el sentido común.

No olvide que es esencial medir todas las cosas que quiere almacenar antes de tomar decisiones sobre cualquier sistema de almacenamiento. Para obtener un sistema cercano a la perfección es necesario planificar el almacenamiento de adentro hacia afuera, considerando sus necesidades personales. No olvide que pesar puede ser tan importante como medir; algunas cosas, como los libros (vea página 44), pueden ser muy pesadas. Téngalo en cuenta cuando elija los soportes para las estanterías. Las guías y los fondos de los cajones deben ser robustos para no hundirse cuando están llenos.

ESQUEMA FLEXIBLE

Los sistemas domésticos de almacenamiento deben ser a la vez flexibles y versátiles. Trate de no limitarlos a funciones específicas, aunque es obvio que necesita guardar la ropa en el área de vestir; los objetos que usa para comer en el comedor o la cocina; la batería de cocina cerca del área de preparación de alimentos; las grabaciones (CDs, cintas de video, etc.) próximas al aparato de música y al televisor, y así sucesivamente.

Una unidad combinada no sólo hace parecer más espacioso un cuarto sino que es más práctica cuando se deben guardar muchas cosas. Elija un sistema combinable, formado por módulos separados unos de otros por 30 centímetros, y colóquelos a lo largo de una pared. Si le queda espacio libre, puede llenarlo con un listón.

Elija un sistema al que pueda agregar unidades suplementarias en un futuro, ampliando el espacio de almacenamiento a lo largo de toda la pared o hasta llegar al cielorraso. De este modo podrá agrandar el sistema cuando lo necesite o pueda comprarlo. Busque estantes terminados de empresas estables para conseguir una cantidad su-

plementaria de iguales características. Si usted puede fabricarlas o las encarga de medida, elija un diseño que le permita ampliar el sistema con facilidad.

También es importante la flexibilidad dentro del sistema. Las estanterías ajustables son mucho mejores que las fijas; los cajones y bandejas que pueden sacarse son muy útiles; las ménsulas que se sacan o se cambian de altura son prácticas en guardarropas y armarios, especialmente los que tienen una profundidad menor que 50 centímetros, o cuando los estantes superiores no pueden ser alcanzados con facilidad.

Los estantes abiertos, los módulos y los aparadores pueden ser una opción excelente para guardar cosas en el living, el comedor o la cocina y al mismo tiempo brindan carácter a un cuarto. Pero a menudo los libros valiosos, los cristales frágiles y la porcelana, así como otros objetos preciosos deben ser protegidos de mejor manera; esto no significa que se deba encerrarlos con sólidas puertas; se pueden guardar detrás de cristales para protegerlos del polvo o con una malla decorativa.

Arriba: *Una cocina simple puede ser convertida en un cálido rincón para comer con una mesa rebatible semicircular - para permitir una mayor circulación- y un espacio de almacenamiento adosado a ella.*

Arriba: *Cuando está en uso la mesa hay lugar para dos comensales sentados en sillas plegables que ahorran espacio. Los estantes superiores pueden sostener todos los elementos necesarios para la mesa. Este* sistema es pulcro y menos ancho que un aparador convencional de cocina y ocupa menos espacio.

ALMACENAMIENTO EN EL LIVING

En el living se guardan normalmente libros, graba-ciones, revistas, botellas y cristalería. Las revistas deben apilarse en forma plana o paradas entre divisiones rígidas que impidan su caída; los libros, en cambio, deben guardarse parados para que se puedan ver fácilmente los títulos en sus lomos; con las grabaciones ocurre lo mismo; si todavía conserva discos longplay deben guardarse en forma vertical pues de lo contrario pueden deformarse. En todos los casos los estantes deben tener una división cada tanto para impedir que al mover un libro toda la hilera se caiga.

Hay muchos anaqueles y divisores prefabrica-dos que pueden colocarse en armarios existentes y también hay sistemas de almacenamiento suel-tos con el fin de montar en las paredes, diseñados específicamente para guardar este tipo de cosas. De nuevo necesita medir lo que tiene, en especial los libros, tomando en cuenta las alturas, la pro-fundidad y el ancho para saber cuánto volumen es requerido y la dimensión de los elementos a com-prar. Piense que en el futuro aumentarán sus co-lecciones de libros, grabaciones, etc.

Las bebidas, botellas y la cristalería necesi-tan ser guardadas cuidadosamente. Muchos siste-mas que se venden no tienen una altura suficien-te para guardar una botella muy alta o los apara-tos que sostienen garrafas de bebidas; también la cristalería necesita instalaciones adecuadas que impidan la rotura de copas al apilarse unas contra otras, y para protegerlas del polvo. Su mejor colo-cación es colgarlas invertidas en ranuras que pue-den ser construidas en la parte superior de un bar-gueño. A veces este soporte puede retirarse del mueble. Las botellas de vino deben guardarse con los corchos hacia abajo para impedir que se se-quen. Otras botellas deben colocarse paradas.

Estos elementos deben guardarse cerca de una superficie lisa donde se puedan escanciar, mezclar y servir con las botellas a la altura de la vista. En algunos casos la solución consiste en instalar una alacena montada en la pared con un amplio estante o con una puerta rebatible hacia abajo o un mueble suelto de una altura convenien-te; o un barcito con estantes flexibles y ajustables y una mesada de buenas dimensiones, limpia de polvo, para servir las bebidas. Deberían tener por lo menos un cajón para guardar tapas, sacacor-chos, abrelatas y otros equipos de bar.

Muchos de los comentarios anteriores son vá-lidos para guardar el equipamiento de la mesa del comedor. Los cubiertos deberían ser guardados en un mueble especial con divisiones, o en canastos para separarlos, de acuerdo con sus tipos y evitar su deterioro; la porcelana, por su parte, debería ser guardada en lugares fácilmente accesibles en pilas relativamente bajas, pues puede ser muy pe-sada. Se puede combinar el área de almacena-miento con una superficie amplia y lisa para ser usada como superficie de servir, además de cajo-nes para manteles, servilletas, etc.

ALMACENAMIENTO EN EL DORMITORIO

En el dormitorio la ropa requiere la mayor canti-dad de lugar para ser guardada y es la causa de la mayor preocupación. La situación ideal es un vestidor separado entre el dormitorio y el baño. Si bien en general se carece de espacio suficiente, éste puede armarse en el caso de los dormitorios en suite con el baño, o cuando se puede dividir un dormitorio grande en dos zonas separadas. En es-te lugar no es necesario guardar equipaje o equi-pos deportivos, como suele acostumbrarse. Mida la cantidad de cosas de este tipo que necesita al-

macenar y busque colocarlos en otro lado de la casa.

Es mejor colgar las prendas que apilarlas, pero revise sus ropas con cuidado, en algunos casos, como en el de los sweaters o la ropa de-portiva, es mejor plegarlos y guardarlos en estan-tes o cajones. Para saber la cantidad de espacio que necesita apile estas prendas y mida su volu-men.

Tenga en cuenta cuando programe la ubica-ción de sus roperos que la ropa es un excelente aislante del ruido. Si tiene vecinos o niños muy rui-dosos, puede usar estos armarios a lo largo de las paredes divisorias. Para reducir aún más el ruido puede colocar aislante acústico detrás de las pa-redes del fondo y los techos de los armarios.

La variedad de formas y tamaños de los dis-tintos cosméticos dificulta la forma de guardarlos en el baño o dormitorio. Algunas cosas pueden ser colocadas en bandejas o cajones de una cómoda especialmente divididas, otros en sostenes de alambre o bandejas colocados en las puertas de los muebles. Puede encontrar en el mercado algu-nas de estas soluciones. Los elementos mas gran-des puede ser guardados en un compartimiento profundo dentro de un placard, con una tapa supe-rior que se levanta o desliza.

ALMACENAMIENTO DE LA ROPA BLANCA

Las frazadas, sábanas y acolchados, las almoha-das, toallas, manteles, servilletas, etc., deben ser guardados en forma plana y mantenidos aireados, si bien pueden ventilarse en una alacena especial, con estantes cercanos a una fuente de calor como un termotanque; no conviene que se encuentren sometidos permanentemente al calor, pues pue-den resecarse o deteriorarse.

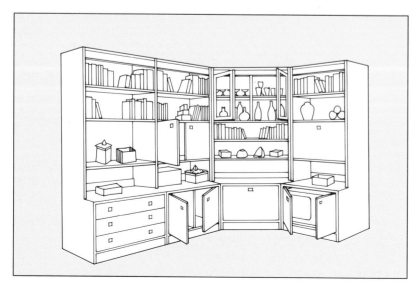

Izquierda: *Un mueble corrido en el living puede aprovechar bien un ángulo de la pared y ofrecer distintas alternativas de al-macenamiento. La cristalería y las bebidas se guardan detrás de puertas acristaladas; el televisor puede permanecer oculto cuan-do no se usa; y las divisiones dentro de un estante sostienen verticalmente los discos.*

Derecha: Se venden canastos de alambre acondicionados para guardar dentro de armarios y placares; se pueden adaptar para otros fines. Se pueden colocar debajo de una mesada en un cuarto para vestirse. Estos canastos pueden usarse para guardar ropa blanca, prendas de vestir y cosméticos. También puede ubicarse un colgador de pie de altura extensible y transportable con ruedas, apto para colgar mucha ropa.

Tiene sentido guardar la ropa de cama tan cerca del dormitorio como sea posible; en consecuencia un armario apropiado para la ropa blanca, con amplios estantes ubicada en la entrada de alguno de los dormitorios, es una solución adecuada. Una cómoda con cajones o una alacena con estantes ajustables puede ser un buen lugar para guardar toallas plegadas o ropa blanca pequeña; un viejo baúl o una otomana con una tapa que se levanta puede almacenar la ropa de cama más voluminosa.

Los elementos usados en el comedor y la cocina pueden ser guardados en un armario especial en cualquiera de estos dos ámbitos y también en el hall de entrada, si son suficientemente grandes como para ubicar un mueble de este tipo.

Mida también para saber qué espacio necesita. Los acolchados y las sábanas de dos plazas exigen más espacio que las de una sola plaza. Las toallas de baño y de cara pueden ser difíciles de guardar, especialmente si son muy esponjosas. La ropa sucia del baño suele ser depositada en canastos sueltos en el baño o el dormitorio; una buena solución más prolija es colocar canastos cuadrados de plástico dentro de algún mueble.

JUGUETES Y JUEGOS

Los juguetes y juegos de los niños deben ser guardados en una forma que ellos mismos puedan manipular, en la esperanza de que sean prolijos y guarden las cosas después de usarlas. Las opciones para esto son: alacenas angostas con puertas corredizas; cajones de plástico colocados bajo las camas y literas, y cajas con rueditas y tapas que se levantan.

Los libros y juegos de mesa requieren una forma de almacenamiento más depurado. Las pistas para modelos de trenes y autitos pueden fijarse en forma permanente a una plancha abisagrada a la pared, para levantarlas cuando no se usan; otra solución para despejar el piso es levantarlas con una polea colocándolas pegadas al cielorraso.

Los juguetes muy grandes no siempre encuentran un lugar en los armarios, y una solución puede ser colgarlos o apilarlos bajo las camas o dejarlos afuera. Pero los juguetes más pequeños deben ser guardados como los otros elementos, para lo cual debe dimensionarse el volumen que se necesita.

Consideraciones similares son válidas para los artículos deportivos. Es conveniente guardar los equipos que se usan al aire libre lo más cerca posible de las puertas de entrada y los que se usan para hobbies, en un lugar próximo al lugar donde se trabaja en ellos.

TOMANDO DECISIONES DE DISEÑO

Cada cuarto de una casa y cada familia evolucionan y sus requerimientos individuales evolucionarán y cambiarán a lo largo de los años. En algunos cuartos es sensato planificar por adelantado con miras a adquisiciones futuras y posibles cambios en el estilo de vida. Los cuartos de los niños, en especial, deben planificarse para que crezcan con sus habitantes, pues superan rápidamente la dimensión de los muebles y el estilo de decoración infantil. Pero la necesidad de más almacenamiento en dormitorios, livings y cocinas también puede aumentar a medida que se adquieren nuevos intereses y hobbies, se compra más ropa y se agregan aparatos, artefactos y equipos de cocina.

AMURADOS, FLEXIBLES O SUELTOS

Existen diferentes tipos de elementos de almacenaje y estanterías que se pueden elegir para guardar sus pertenencias, y la mayor parte de las casas terminan combinando todos estos tipos.

Las alacenas y los guardarropas amurados maximizan el espacio de almacenamiento, y sus interiores pueden ser proyectados para adaptarse a sus requerimientos individuales (ver páginas 12-17 sobre los requerimientos de medición y evaluación del espacio necesario). Con frecuencia se los utiliza en las cocinas y dormitorios, y pueden diseñarse para adaptarlos, por ejemplo, a nichos que queden a los costados de las chimeneas; para crear toda una pared de almacenamiento; para usar un rincón de difícil acceso; para formar un nicho en el cabezal de una cama o un tocador; para modernizar la cocina o crear un rincón para estudiar. Pue-

Arriba: *Una alacena de altura completa requiere un diseño de máxima eficiencia. Los amplios estantes adosados casi duplican el espacio disponible. Los utensilios de cocina más grandes se guardan en estantes de madera fijados a la pared.*

Izquierda: *Un estante a la altura del cielorraso en una viga de la cocina sirve para exhibir y almacenar una colección de potes, copas, salseros y cuencos.*

Arriba: *Una vitrina para guardar cosas esenciales se ha fijado a la pared de un baño pequeño. El frente de sus puertas le otorga un aspecto interesante por sí mismo.*

Derecha: *No siempre la ropa blanca debe confinarse al baño. Un mueble suelto puede colocarse en un cuarto de servicio o en la entrada. Se pueden usar los cajones para guardar planchas, artículos de limpieza y secadores de cabello.*

den ser hechos a la medida por un carpintero o una empresa especializada o hechos en casa.

Las unidades modulares pueden estar formadas por estantes, cajoneras y armarios y se ofrecen en diferentes formas, estilos y tamaños (módulos), pueden ser compactas o sueltas y constituyen una forma flexible de almacenamiento que permite ordenarlas, modificarlas y adaptarlas a voluntad. También se puede desarmarlas y llevarlas a una nueva vivienda si se muda, o cambiarlas de cuarto con una nueva disposición.

Los módulos se pueden colocar uno encima del otro o uno al lado del otro; también se los puede disponer como divisores de cuartos, ubicando los con-

tenidos de mayor peso en la parte baja, especialmente en armarios altos, para evitar su caída. Estos módulos se entregan completamente terminados, y usted todo lo que tiene que hacer es unirlos uno con otro y fijarlos para que se mantengan firmes. Tal vez algunos deben ser fijados a las paredes. Muchos de estos equipos se venden en forma de kits.

Las cómodas y alacenas sueltas se venden como muebles completos o como kits. Las cajoneras pueden formar parte de los muebles (en cómodas, escritorios, equipamiento de cocinas y como parte de un mueble mayor) o bien comprándolos como parte de un kit, con la forma de canastos de alambre, o de cajones corredizos. Las cajoneras independientes se pueden colocar también debajo de las camas. (ver páginas 70/71 para ideas de almacenamiento bajo las camas).

Los sistemas flexibles de almacenamiento suelen estar formados por estanterías que se fijan a las paredes mediante montantes de metal con ranuras a las que se fijan las ménsulas que sostienen los estantes. Algunos sistemas permiten agregarles puertas y cajoneras. Algunas estanterías industriales son igualmente flexibles, y sacando los tornillos se pueden rehacer en forma diferente (ver páginas 32/45 para ideas sobre el uso de estanterías).

Si compra un kit para armarlo usted mismo, asegúrese que le entreguen todas las partes, los

Abajo: *Un mueble de madera pintado para que combine con la pared es empleado como vitrina exhibidora.*

accesorios y tornillos antes de comenzar a armar. Compruebe que las instrucciones que se proveen con el kit sean comprensibles y se adapten a lo que está haciendo.

Después de definir la cantidad de almacenamiento que necesita, y haber especificado el tipo de muebles que va a utilizar, debe pensar en el estilo, pues además de funcionalidad usted requerirá que exista un cierto contraste textural.

Los elementos de un sistema de almacenamiento pueden ser elegidos, como el resto de los muebles de la casa, para crear un cierto estilo de época o para crear un "look" moderno específico. Pero los muebles prefabricados es más difícil que se ajusten a un estilo determinado, con la posible excepción del dormitorio, donde se ofrecen en el mercado diferentes maderas y terminaciones y diferentes estilos.

La madera y otros materiales que elija para su nuevo equipamiento lo ayudarán a definir el estilo de su casa. Las estanterías de maderas claras como el pino son adecuadas para un living, un dormitorio o una cocina de estilo campestre. Se puede usar caoba o maderas oscuras para el equipamiento en el área del comedor o el dormitorio cuando se busque un estilo clásico. Gabinetes y estanterías color gris oscuro o negro lucen muy bien en un departamento del centro; los muebles laminados en blanco o con colores brillantes generan un contexto moderno. El equipamiento de metales brillantes y vidrio generan un estilo "hi-tech".

Si ninguna de estas soluciones es apropiada o está a su alcance, puede pintar sus muebles para que se entonen con el esquema elegido para su casa. Puede utilizar diferentes técnicas de pintura, para dar terminaciones con diferentes texturas (rayadas, marmoladas, punteadas, esponjadas o estarcidas). Idealmente para realizar la decoración de un cuarto, primero se deberían pintar todos los elementos fijos, luego darles terminación a los muebles que están fijos, y recién entonces instalar los muebles que simplemente se colocan ya terminados. La terminación y los toques finales deben dejarse para el último momento. Si usted emplea a un profesional que construya su almacenamiento discuta los tiempos de entrega para cuando la pintura se encuentre terminada.

LIVING-ROOMS

Los requerimientos de equipo de almacenamiento para este cuarto dependen en gran medida de su estilo de vida, pero en la mayor parte de los casos todos queremos guardar libros, grabaciones en sus distintos formatos, botellas y cristalería. En los livings integrados al comedor o de múltiples propósitos, es posible que necesite elementos para guardar lo necesario para la mesa del comedor,

los hobbies y elementos para estudiar y aun los juguetes de los niños.

Trate de aprovechar cualquier hueco que exista en la construcción; por ejemplo a cada lado de las chimeneas es frecuente que existan nichos verticales donde se podrían construir muebles bajos para guardar grabaciones en uno de los lados y organizar encima una columna con el televisor y sus equipos y el centro musical. Del otro lado puede tener un bar con botellas y cristalería en un armario con una puerta rebatible que funcione como un pupitre. Se pueden usar los estantes superiores para libros, archivos o como exhibidores.

El vano de una ventana a medida forma un ámbito natural que es descuidado con frecuencia, si bien puede ubicarse un asiento con tapa levantable, que puede ser utilizado para sacar de la vista el desorden que dejan los niños al final del día, o para proporcionar un lugar de almacenamiento con poco uso. Es también un muy buen lugar donde ubicar estantes bajos para libros o grabaciones. Por eso es importante que planifique qué hacer con este espacio al decidir lo que hace con las ventanas. A veces se puede usar una otomana suelta, un baúl o un cajón de mimbre para librarse rápidamente de muchas cosas; estos elementos se pueden ubicar debajo de la ventana.

Si su living es cuadrado como una caja, puede organizar un escenario formado por muebles sueltos o amurados que pueden cubrir una pared entera. Se puede dejar un espacio en el centro de esta pared para colocar una estufa eléctrica o de gas (con tiro balanceado), fija o móvil. En otras paredes lisas se pueden colocar estanterías o usar una variedad de muebles sueltos, como cajoneras, aparadores y gabinetes para agregar un toque decorativo.

A veces es posible instalar estantes para libros por encima de una puerta. Si convierte en un solo cuarto a dos más pequeños, las puertas innecesarias pueden convertirse en exhibidores o estantes para almacenamiento. Deje los marcos de la puerta como detalles decorativos en el cuarto, construya estantes en el marco e ilumínelos en forma sugestiva. Del lado de afuera puede hacer desaparecer la puerta inutilizada detrás de un panel de madera con terminaciones decorativas.

Arriba: *Un sistema de almacenamiento construido aprovechando un ángulo de las paredes destinado a alojar el televisor y el centro musical es flanqueado por aparadores de almacenamiento. Es el resultado de una mezcla económica de carpintería hecha a medida y otra realizada por el usuario. El cuadro se desliza sobre los rieles continuos color rojo, dando una sensación de diseño integral en este moderno living.*

Arriba y a la izquierda: *A veces se ve y a veces no se ve: una forma adecuada de ocultar el televisor. El equipamiento hecho a medida en este departamento sin chimenea proporciona un punto donde focalizar la atención; a la izquierda y a la derecha del cuerpo central destinado al televisor se guarda cristalería, botellas y grabaciones.*

ÁREAS PARA COMER

Tanto si el sector destinado a tomar alimentos se encuentra en un cuarto separado, como si forma parte del living, o está situado en un extremo de la cocina, los elementos principales a guardar son los que se necesitan para atender la mesa: cubiertos, platos, cristalería, servilletas, mantelería y candelabros; también necesita guardar botellas de vino y cristalería para aperitivos y licores. Mida todos estos elementos para saber qué espacio necesita. Recuerde que muchas fuentes pueden ser muy anchas y largas, y algunas botellas inusitadamente altas.

También se necesita una superficie auxiliar para servir, un lugar para colocar las fuentes antes de llevarlas a la mesa; dejar preparados platos fríos; llevar platos para calentar o mantener la comida caliente, para lo cual es particularmente apto un sistema similar al usado en el servicio de aviones, consistente en un carrito que mantiene la comida caliente. Los aparadores y los gabinetes no sólo sirven para almacenar sino que su parte superior puede usarse para servir. Cualquiera de estas superficies debe iluminarse adecuadamente.

En los comedores integrados con el living es posible que deba colocar instalaciones que le permitan trabajar o estudiar. Por tal motivo, si tiene nichos vacíos a ambos lados de una chimenea puede usar alguna de las ideas sugeridas para el living para almacenar elementos del comedor o integrar estos elementos a una pared completa destinada a almacenamiento. Piense en tres dimensiones: puede exponer su loza fina colgando de un riel para colgar cuadros que recorra todo el perfil del comedor, donde se exhiban platos y otros objetos, y también guardarlos así. Esta decoración crea un espacio tradicional que puede ser llevado al hall o a la cocina si se adapta al estilo de la propiedad.

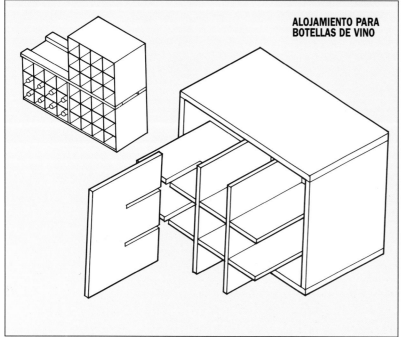

ALOJAMIENTO PARA BOTELLAS DE VINO

Arriba a la izquierda: *Las alacenas con frentes de vidrio son a la vez prácticas y decorativas y sirven para guardar cristalería y cerámica libres de polvo.*

Izquierda: *Los alojamientos para botellas de vino son preferibles a las cajas para mantenerlas en condiciones óptimas. Se puede dividir un cajón con particiones hechas en madera terciada, ensambladas mediante machimbres.*

HALL

Este lugar de las casas es a menudo muy peque-ño y angosto, pero allí se debe poder, por lo menos, colgar los abrigos de los visitantes, instalar un teléfono, o guardar los paraguas y bastones, dejar la correspondencia y las llaves y revisar el aspecto personal antes de salir a la calle.

La forma de estas instalaciones dependerá del espacio disponible y del estilo de su casa. En espacios angostos algunos estantes y un espejo fijados a la pared pueden ser el único espacio disponible. Si hay un poco más de espacio coloque un perchero de pie, o incluso un mueble antiguo restaurado de este tipo o un cilindro alto para paraguas mojados y bastones. En un hall más grande se pueden ubicar algunos muebles, tales como un asiento-baúl, una mesa angosta o un pequeño escritorio con estantes.

En algunos halls muchas veces se olvida el espacio que existe debajo de las escaleras, donde se amontonan trastos inútiles, pero en ocasiones puede abrirse este lugar y ocuparlo con algunos elementos de almacenamiento construidos expresamente, tales como una despensa, con soportes para botellas de vino, un espacio para archivar papeles, ubicar un teléfono y un pequeño escritorio. Si necesita el espacio bajo

la escalera para guardar una aspiradora, los abrigos en uso y los medidores de gas y electricidad, debe ocultarlos de la vista y ubicar también cajones apilables y estanterías para mantener todo prolijo y bajo control.

ESTUDIO U OFICINA EN CASA

En este caso el almacenamiento depende del tipo de equipamiento que necesita. Si sólo se trata de un rincón para hacer cuentas, guardar unos pocos libros y papeles o destinar un lugar para que los niños hagan sus deberes, probablemente baste un pequeño escritorio o un "secretaire" con su pupitre rebatible. Un estante rebatible fijado a la pared también puede servir para esto.

Piense el proyecto en forma integral y no olvide el espacio para sus hobbies. Una superficie mayor puede ser usada para colocar una máquina de coser o de tejer. Los papeles y lápices pueden guardarse en cajoneras y unos pocos estantes bien montados y una biblioteca puede guardar archivos y diccionarios. No olvide prever una iluminación adecuada.

Si trabaja en su casa y tiene mayores requerimientos, por ejemplo guardar materiales de dibujo, colocar una computadora o una mesa de

dibujo; guardar grabaciones, libros de consulta, guías o muestras, necesitará estanterías y otros elementos robustos. Para esto pueden utilizarse algunos de los sistemas descriptos en el capítulo *Concentrándonos en los estantes* (ver páginas 32-45). Alternativamente es posible usar un sistema fijo y ocultarlo tras una persiana.

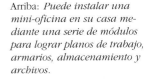

Arriba: *Puede instalar una mini-oficina en su casa mediante una serie de módulos para lograr planos de trabajo, armarios, almacenamiento y archivos.*

Izquierda: *Un estante deslizable guarda el teclado de una computadora en este escritorio casero ubicado en un rincón del dormitorio.*

COCINAS

El grueso del lugar para almacenamiento en las cocinas en general es provisto en unidades básicas integradas por armarios bajos y alacenas altas fijadas a pisos y paredes que se convierten en una parte integral de la cocina. En la parte superior de los muebles más bajos suele haber una mesada de trabajo. Entre estos muebles se puede dejar lugar para instalar lavaplatos y lavarropas. En las cocinas grandes, los muebles bajos pueden sobresalir hacia el centro de la habitación o para estable-

Derecha: *Una gran despensa, pulcramente ubicada en un ángulo, brinda almacenamiento más que adecuado para botellas, alimentos no perecederos, hierbas y especias.*

Abajo: *Un almacenamiento bien planeado en un sector de la cocina: esta cajonera tiene varios canastos de alambre para guardar hortalizas.*

cer una división baja entre la cocina y el área de comer.

Estos sectores pueden usarse para instalar estantes para botellas, tablas para picar o una mesa rodante. Existen muchos accesorios para ser colocados dentro de estos aparadores: destinados a aprovechar espacios ciegos; guardar latas o verduras; una plancha y una mesa de planchar plegadiza; sacar los procesadores de alimento de la mesada, con varios grados de sofisticación, tales como alacenas que se extienden hacia afuera, ca-

nastos de alambre, cajoneras y estantes giratorios. Algunos de estos elementos pueden ser provistos con el equipamiento y otros pueden comprarse por separado.

Existen en el mercado muebles ya fabricados y unidades acoplables en módulos de distinto tamaño. No siempre son prácticos para instalarlos en su cocina, o guardar lo que usted necesita. Si bien puede encontrarlos de un tamaño correcto, es posible que no coincidan con el estilo de su cocina. En tal caso, llame a un especialista en cocinas de medida o hágala usted mismo, siempre planificando desde adentro hacia afuera.

Actualmente existe una tendencia a instalar cocinas con menos accesorios, agregando elementos sueltos como una tabla para picar sobre ruedas y aparadores y alacenas sueltas para ser usadas como despensas. De esta manera se obtiene un estilo más informal y campestre. Para cuidar su presupuesto puede comprar algunos equipos de segunda mano y remozarlos (ver páginas 51-57). Se puede crear una continuidad de colores y pautas de diseño con pintura o revestimientos autoadhesivos para dar unidad a muebles de distinto origen.

MAXIMICE EL ESPACIO EXISTENTE

Con imaginación puede crearse mayor espacio en los armarios existentes. Por ejemplo, en la parte interior de la puerta de los armarios pueden instalarse estantes o anaqueles con accesorios especializados para ubicar rollos de papel de aluminio, absorbente o film plástico protector. Los estantes pueden organizarse con canastos de alambre plastificado que permitan ubicar sartenes con sus tapas, porcelana o mantelería. Otros estantes pueden ser diseñados especialmente para guardar platos, cristalería, jarras y envases plásticos. Los interiores de los cajones pueden tener divisiones para guardar materiales de limpieza o botellas.

Existen muchos tipos especiales de almacenamiento para botellas de vino; algunos son plegables, otros son ideales para colocar bajo las escaleras por su forma triangular; algunos están preparados para sostener botellas individuales (no necesariamente de vino) en cada casilla y otros están preparados para sostener muchas botellas. Estos pueden estar ya adaptados a los muebles, o puede fabricarlos usted mismo pegando entre sí tubos de PVC de diámetro adecuado, cortados a la medida de sus armarios.

El interior de las puertas o los laterales de armarios grandes pueden ser organizados para ubicar elementos de limpieza o planchado, y la manguera de las aspiradoras, pues siempre es mejor

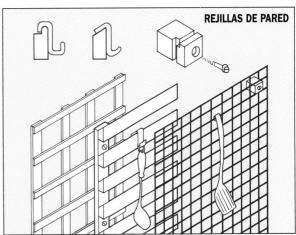

REJILLAS DE PARED

Arriba: *Los implementos para cocinar pueden estar al alcance de la mano de varias maneras, incluso colgados de una rejilla de madera diseñada especialmente.*

Arriba a la derecha: *Las rejillas de pared guardan los utensilios de cocina al alcance de la mano y pueden ser un rasgo decorativo en la cocina. Se puede fijar una trama de alambre a la pared con listones de madera. Utilice dos tacos de madera con una muesca que permita sostener una parte del enrejado y luego atorníllela a la pared. Los utensilios se cuelgan mediante ganchos doblados en forma de S. También se puede usar madera para hacer un enrejado, o unir mediante un marco una serie de listones horizontales de madera con una muesca en la parte superior. Para colgar los utensilios de los listones puede doblar trozos de chapa en forma de S.*

Derecha: *Los implementos de cocina están colgados de un tubo metálico sobre esta estilizada cocina a gas, en un moderno contexto.*

colgar estas cosas. Hay muchos armarios que tienen muescas, canaletas o ganchos diseñados con este fin hechos con metal o alambres recubiertos con plástico. Usted puede fabricarlos también con maderas.

Los estantes existentes o la parte de abajo de algunas alacenas pueden tener sostenes de los que cuelgan copas por sus bases, potes con especias o cuchillos con divisiones especiales para dar seguridad. Un dispositivo más simple consiste en atornillar ganchos destinados a colgar tazas, tazones, jarras u otros implementos de cocina debajo de un estante o de la alacena.

Es posible colgar prolijamente ollas, sartenes y otros elementos de cocina muy cerca de las hornallas o de la superficie de preparación; hay colgaderos especiales de sartenes formados por un ca-

ño suspendido del cielorraso; la altura de este puede variarse mediante una polea y colgar canastos, flores secas e incluso mantelería. Algunas formas de colgar elementos de cocina pueden basarse en varillas de acero fijadas a la pared con una muesca que permita adosarles un gancho del cual se cuelgan a su vez los elementos. También pueden instalarse grillas de alambre revestidas en plástico, o formadas por una trama de varillas de madera de la cual se cuelgan ganchos de alambre o chapa doblada.

Cuando se dispone de poco espacio puede usarse una cadena colgada de dos ganchos fijados al cielorraso o a la pared, brindando una solución flexible. Pero recuerde que las cosas que cuelgue pueden ser muy pesadas; por eso es esencial que cualquier sistema que elija para col-

gar algo se encuentre firmemente fijado al cielorraso o a la pared.

En la cocina, como en cualquier otra área de la casa, usted puede unir decoración con practicidad. Un aparador de cocina puede almacenar y exhibir cerámica, platería y vasijas. Se pueden usar frascos transparentes de formas elegantes para almacenar fideos, legumbres, frutas secas y hierbas. Existen latas que pueden ser utilizadas para guardar harinas, azúcar, tés, cafés y galletitas. Hay muchos tipos diferentes de pequeños estantes destinados a guardar especias, y especieros de diferentes formas, canastos para organizar los cubiertos y botellas decorativas. Se puede usar un simple cacharro para sostener cucharas de madera, tenedores para cocinar, espátulas y otros implementos.

EL BAÑO Y EL ALMACENAMIENTO DE LA ROPA BLANCA

Algunas ideas del almacenamiento para la cocina pueden ser adaptadas al baño. Por ejemplo los juguetes que usan los niños al bañarse, las esponjas naturales y artificiales, pueden suspenderse por algunos de los métodos sugeridos para usar en la cocina. Muchos de los fabricantes de muebles de cocina hacen equipamiento para baños, pero a menudo usted descubrirá que no han tenido en cuenta que se puede necesitar guardar grandes envases de papel higiénico o botellas de champú de distintos altos y los diferentes tamaños que adquieren las toallas al plegarse. Una vez más tome en cuenta los volúmenes de los objetos que quiere almacenar en el baño.

Hay varias formas de encontrar espacio para guardar cosas en un baño. Por ejemplo el panel al lado de la bañadera, puede ser convertido en un depósito y puede encontrar algunos paneles ya adaptados para esto. Si dispone de suficiente espacio puede ubicar paneles altos a ambos lados de la bañadera, unidos por su parte alta, convertirá la bañadera en una agradable alcoba. Con algo para fijar cortinas de ducha puede cerrarse totalmente este lugar. Puede haber espacio para montar estantes en las paredes al lado de la bañadera (cuidando de colocarlos a una altura que evite las salpicaduras); a cada lado de las ventanas, por encima y al lado del inodoro. Pero no coloque estantes encima del lavatorio o del bidé porque la gente podría golpearse la cabeza. A veces sería posible fijar un estante largo arriba del depósito del inodoro, pero no lo coloque porque puede necesitar atender un desperfecto del depósito.

Si el armario para la ropa blanca está en el baño junto con el tanque de agua caliente, es un lugar ideal para secar al aire las toallas y otros elementos sobre estantes de listones y también para guardar lencería que no se deteriore con un calor constante. Sin embargo la ropa blanca no debe ser guardada en forma permanente en una atmósfera siempre caldeada, por lo cual trate que, en un cuarto separado, haya canastos para sábanas, toallas y fundas para almohadas. Recuerde dejar espacio para los diferentes tamaños de las sábanas plegadas y los acolchados.

Si usted va a incorporar al lavatorio, tal vez un botiquín, o simplemente quiera esconder algunos estantes por debajo de la pileta ocultos detrás de una cortina, obtendrá un aspecto mucho más pulcro y más espacio para guardar cosas (se puede hacer lo mismo si tiene un lavatorio en el dormitorio). Una mesa revestida con una cortina puede esconder estantes con un montón de cosas.

Arriba: *El almacenamiento más simple de ropa blanca: el canasto tradicional de mimbre.*

Izquierda: *Un nicho que se abre en forma rebatible para la ropa blanca puede formar parte de una serie de muebles de dormitorio o puede instalarse en el baño.*

DORMITORIOS

En la mayor parte de los dormitorios se guarda ropa, efectos personales y equipaje, y cuando en el dormitorio se hacen otras cosas deberá encontrar lugar para hobbies, libros, papeles y, en el caso de los cuartos de niños, juguetes y equipos deportivos.

La forma más práctica de conseguir un espacio adecuado para guardar cosas en un dormitorio consiste en ocupar una pared con una fila continua de roperos; si tiene una chimenea, puede llenar los huecos de los costados; y en un cuarto más pequeño puede armar una alcoba colocando armarios en ambas cabeceras y unirlos por la parte de arriba. Se puede dar un aspecto más elegante al dormitorio si se ponen muebles debajo de la ventana a lo largo de una pared, integrándolos con un pupitre o una mesa tocador. Si la ventana es baja, puede instalarse un baúl con tapa que sirva de asiento, o colocar en ese lugar muebles sueltos.

Tanto si usted se propone comprar muebles de medida, muebles sueltos o hacer una instalación construida por usted mismo, mida el ancho y el largo de los elementos voluminosos que va a

colgar, tales como sobretodos, tapados, polleras, vestidos largos, sacos y blusas. Después decida cómo va a colocar los rieles para colgar, las cajoneras y los estantes. Una forma poco costosa de almacenar ropa es utilizar un riel de pie (de los usados en las tiendas, formados por tubos cromados de altura variable) o bien armar algo en madera en un hueco existente, Todo lo cual se puede ocultar detrás de una cortina, un biombo, un toldo o una persiana que haga juego con el resto de los colores del cuarto. Utilice la parte de abajo de este colgador para ubicar los zapatos. Los estantes especiales para poner zapatos son a menudo la mejor forma de acomodarlos. Cualquier colgadero corto para sacos o blusas, puede tener debajo canastos de alambre deslizables hacia fuera.

Abajo: *Un sistema de almacenamiento para armar, comprado a un mayorista, permite obtener los paneles de madera ya cortados y ensamblarlos usted mismo. Para instalar guardarropas de medida, haga un esquema con los espacios que necesita.*

Arriba: *Armarios altos a ambos lados de la cama crean un agradable efecto de alcoba al lado de la cabecera y aprovechan al máximo el espacio disponible.*

CUARTO DE LOS NIÑOS

Habitualmente los cuartos de los niños deben ser los más flexibles de la casa y en consecuencia necesitan una planificación cuidadosa. Por lo general el cuarto comienza como una guardería para un bebé y sólo se utiliza para bañarlo, cambiarlo y alimentarlo, guardar su ropa y pañales y artículos de toilette, pero demasiado pronto se convierte en un cuarto donde al dormitorio se agrega un cuarto de juegos; luego, cuando comienza a ir a la escuela se tienen que combinar instalaciones para dormir, jugar y estudiar. Tal vez en algún momento deba ser compartido con otro niño y cada uno de los ocupantes puede querer un área privada. La etapa final puede ser el cuarto privado de un adolescente, incluso un cuarto de estar para una joven pareja.

UN CUARTO QUE CREZCA CON EL NIÑO

Diseñe el cuarto para que pueda adaptarse a los cambiantes requerimientos del niño, y arranque con unos pocos elementos básicos que se puedan agregar a medida que el niño crece y necesita más espacio para guardar sus cosas. Las principales superficies deben ser resistentes y fáciles de limpiar para soportar un tratamiento rudo. Los esquemas de color pueden ser brillantes, alegres y estimulantes. Es mejor confinar cualquier personaje de moda al empapelado de la pared, a fajas decorativas, cubrecamas y afiches que son relativamente baratos y fáciles de cambiar a medida que la novedad se pierde y aparecen otras.

Por consiguiente, arranque con una guardería básica. Aunque algunos de los elementos tendrán el tamaño del niño (la cuna, el catre, las sillas y mesas infantiles, estantes bajos de libros, un primer pupitre) y no utilice armarios y muebles en escala reducida; adapte simplemente los interiores de muebles normales para guardar ropas pequeñas y modifique el espacio para colgar, los interiores de las cómodas a medida que cambia lo que se quiere almacenar. Trate de elegir algo ya fabricado, a lo cual usted puede añadir más tarde nuevos elementos, o bien compre y pinte algún mueble viejo que permita agregados pintados para hacer juego.

ALMACENAMIENTO DE JUGUETES

Amplíe la instalaciones en la etapa en que el niño comienza a caminar, agregando mucho espacio para jugar y guardar juguetes. A menudo es posible utilizar la zona que se encuentra debajo de la ventana para colocar una caja con juguetes con una tapa que se levante, que puede ser acolchada para convertirla en un "asiento de ventana". O bien ubique en ese lugar dos muebles bajos y encima de ellos coloque una tabla dejando un espacio entre ellos para usarlo como pupitre.

Otras ideas prácticas pueden ser cajas para juguetes con rueditas y cajones apilables de colores para ponerlos dentro de los armarios, bajo un pupitre o una mesa rodeada por cortinas. Los carritos con ruedas pueden ser un dispositivo útil: viejos carritos de madera o de metal pueden ser pintados de colores brillantes para hacer juego con el cuarto; o bien, para un aspecto más moderno, busque ideas en los catálogos de venta de material rodante. No ponga esos muebles en cuartos donde están niños muy pequeños, pues podría descubrir que los usan como vehículos.

A veces se puede incorporar algún tipo de almacenamiento en la cama. Algunas casas venden camas con armarios incorporados y se las llama "camas camarotes", ideales cuando se quiere conferir al cuarto un aspecto náutico. En un nivel más simple se pueden ubicar cajones con rueditas debajo de una cama común, donde a menudo existe espacio sin usar. A veces es posible construir una cama más alta y combinarla con armarios por debajo que se puede decorar de manera que parezca una casa de muñecas, un teatro o un cine de juguete, un fuerte militar, una estación de ferrocarril o un garaje.

REQUERIMIENTOS ESPECIALES

Si se ubica una cama suficientemente alta, en una plataforma a la que se sube por una escalera, puede colocarse debajo un escritorito para que un niño en edad escolar haga los deberes. A su lado pueden colocarse roperos y estantes adosados a la pared. Si la habitación es grande puede ubicarse en ella una cabina para ducha y un tocador con lavabo, y el pupitre ubicado bajo una ventana. Esto puede ser una bendición en una familia cuando por la mañana todos compiten para bañarse.

Algunas camas superpuestas pueden ser colocadas formando ángulos rectos entre sí, con espacio por debajo de una y por encima de otra para almacenamiento. Semejante arreglo puede hacerse utilizando tubos de acero con colores brillantes,

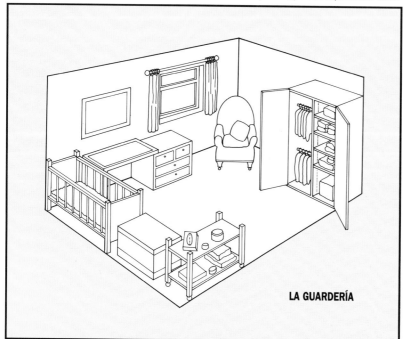

LA GUARDERÍA

Izquierda: *ESTADIO 1: la guardería. Un gran aparador (suelto o empotrado) puede tener estantes ajustables o canastos de un lado para pequeñas prendas de vestir, ropa blanca y algunos juguetes, con espacio para colgar del otro lado. Dos colgadores superpuestos permiten colgar prendas para los niños; se puede crear un área para cambiar al bebé usando una cajonera unida a la cuna vinculada por un cambiador con una cubierta que pueda removerse. Una cuna, un baúl para juguetes y una mesa rodante con los elementos para la toilette del bebé y un bañador completan la escena.*

Derecha: *ESTADIO 2: el cuarto del niño que comienza a caminar. Elimine el bañador, saque un riel de colgar ropa y agregue más estantes en el armario; mantenga la cuna y el baúl de los juguetes; agregue un pizarrón u otra superficie para dibujar; convierta la mesa para cambiar al niño en un tablero para jugar y pintar; agregue una pequeña caja de libros, o estanterías de una pequeña biblioteca.*

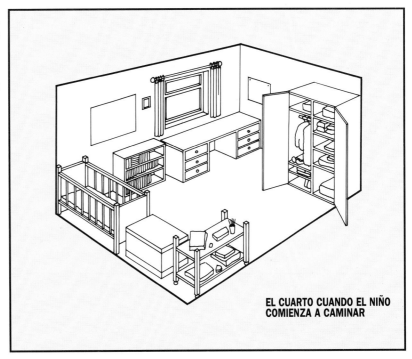

EL CUARTO CUANDO EL NIÑO
COMIENZA A CAMINAR

ALMACENAMIENTO DECORATIVO

Usted puede convertir en decoración una necesidad de almacenamiento en el dormitorio. Los accesorios pueden tener un aspecto muy atractivo si se los exhibe en forma creativa: pequeñas cuentas que adornan un espejo; pequeñas piezas de joyería; pequeñas bolas de algodón de diferentes colores en una gran jarra de cristal; abanicos en una gran pieza de cerámica; anillos en la mano de un maniquí; prendedores sostenidos por un trozo de terciopelo colgado de la pared; cinturones suspendidos de una barra decorativa; bufandas o pañuelos, fajas cubriendo una pantalla. Los artículos de cosmética puede lucir bien colocados en canastos; algunos de estos canastos usados para poner los cubiertos pueden tener un aspecto muy decorativo, especialmente si se utiliza el mimbre de color pastel. En el cuarto de un niño el depósito debajo de la cama puede ser decorativo, práctico y divertido (ver a la derecha); incorporando un espacio para libros y juguetes y un lugar para un teatro en miniatura.

del tipo usado para fabricar andamios, que se venden específicamente con esta finalidad, en algunos casos como kits. Y cuando el niño llega a la adolescencia y quiere tener un dormitorio "hi-tech" se puede adaptar en el cuarto una estantería industrial.

En otra parte de este libro se trata el almacenamiento para la ropa, los hobbies y artículos para deportes y se pueden adaptar estos elementos a las necesidades de los niños, pero puede ser necesario tomar en cuenta un hobby especial. Se pueden instalar caballetes plegables con una mesada firme para colocar pistas de autos o trenes en miniatura; se puede usar este sistema para armar una mesada para costura, pintar, modelar e incluso servir como mesa de ping-pong. Los caballetes pueden quedar colgados de ganchos adecuados en la pared cuando no se usan y cuando la

Arriba: *Un armario con forma de un sofisticado depósito hecho de medida en el cuarto de un niño brinda un toque de fantasía. La cama ha sido construida sobre una casa de muñecas, un teatro de juguetes, estantes para libros y un depósito de juguetes.*

mesada no se puede guardar en otra parte de la casa, se podría levantar con poleas hasta el cielorraso o volcarla contra la pared mediante bisagras. Como es obvio, estas instalaciones no son adecuadas para niños muy pequeños. También es necesario hacer ensayos que aseguren que estos elementos no produzcan accidentes, y hay que verificar regularmente que siguen en buen estado.

DIVIDE Y REINA

Cuando un cuarto debe ser compartido por dos o más niños, cada uno debe tener su espacio personal y privacidad. A veces resulta más práctico cederles un cuarto más grande (el dormitorio principal o un comedor en planta baja, para encontrar espacio suficiente como para dividir el cuarto en forma adecuada. A menudo eso puede lograrse colocando los armarios en ángulo recto con las paredes, creando divisiones sin tener que recurrir a modificaciones de obra. También estos espacios pueden ser reorganizados a medida que los niños crecen.

A menudo puede aparecer el problema de falta de luz en una parte de la habitación. Trate de difundir la luz natural en la mayor medida posible. A menudo esto puede lograrse con espejos o reemplazando paneles ciegos de las puertas por otros de vidrio o haciendo una ventana interior. Resulta igualmente importante planificar adecuadamente la iluminación artificial usando circuitos separados para que cada zona del cuarto pueda ser controlada en forma individual. Si se divide el cuarto colocando en ángulo recto con una pared larga un

Izquierda: Las perchas decorativas son ideales para colgar pequeños objetos en los cuartos de los niños; son de recambio poco costoso cuando crecen.

guardarropa con un pupitre o una cajonera baja al lado, un segundo almacenamiento alto puede completar el mueble, formando una línea divisoria ubicada de tal manera que ambos niños compartan los armarios desde ambos lados. Los fondos de los armarios no son lindos, pero pueden decorarse con telas, fieltro, papeles o cualquier otro elemento. Este sector se convierte en el lugar ideal para una de las cabeceras de las camas, con un estante montado en la pared y usando la parte

inferior de la unidad divisoria como una mesa al costado de la cama. El espacio por encima puede ser cerrado con una cortina, una tela enrollable o un elemento vertical colgado del cielorraso.

Si esto no es factible, una estantería abierta y accesible de ambos lados colocada sobre cajoneras o muebles inferiores más sólidos puede proveer almacenamiento y convertirse en una buena división. En este caso tome precauciones asegurando firmemente los muebles, y para que la parte superior no pueda volcarse sobre los niños.

En cuartos más pequeños, donde una división de este tipo no es factible, los muebles deberán ser dispuestos alrededor de las paredes; o bien haga divisiones laterales con camas sobre plataformas tal como se ha descripto. También en este caso una persiana o una cortina desde el piso hasta el cielorraso puede crear una cierta privacidad, pudiendo abrirlas en el momento en que el cuarto deba ser usado como un espacio único.

En los cuartos de los niños, las divisiones flexibles y temporarias son las mejores, puesto que es muy probable que las necesidades e intereses se modifiquen cada pocos años.

Derecha: ESTADIO 3: el cuarto escolar de un niño. Elimine la cuna, modifique el colgador del ropero para colgar prendas más grandes eliminando estantes en el armario. Ponga el depósito de juguetes en la parte baja y convierta la parte superior en un pupitre; agregue literas.

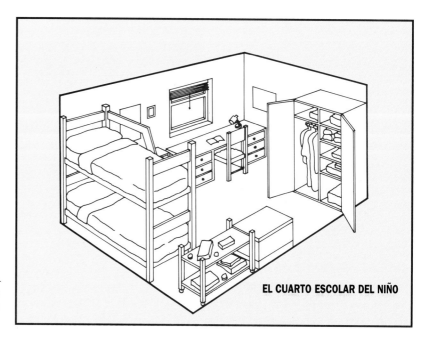

EL CUARTO ESCOLAR DEL NIÑO

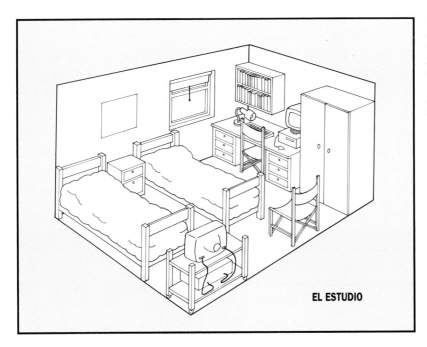

EL ESTUDIO

Izquierda: *ESTADIO 4: el estudio. Separe las literas; coloque una mesa de luz entre ellas, agregue una biblioteca sobre el pupitre, instale una computadora, use la mesa rodante para colocar un aparato de televisión portátil, agregue un par de sillas plegadizas del estilo de los directores de películas para los amigos (que pueden ser colgadas en la pared cuando no se usan).*

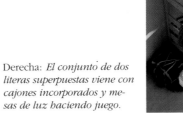

Derecha: *El conjunto de dos literas superpuestas viene con cajones incorporados y mesas de luz haciendo juego.*

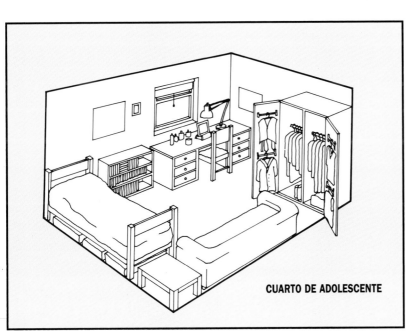

CUARTO DE ADOLESCENTE

Izquierda: *ESTADIO 5: cuarto de adolescente. Elimine las literas y reemplácelas por una cama y un sofá cama, colocando cajones debajo de éstas; convierta el guardarropa en un espacio solamente para colgar, reemplace la mesa rodante por una mesa ratona, coloque un pupitre que sirva también como tocador con un espejo de mesa o colgado de la pared.*

CONCENTRÁNDONOS EN LOS ESTANTES

 Las estanterías vienen en muchas formas diferentes, desde estantes de madera aglomerada o laminados hasta vidrios delicados que filtran la luz. No es necesario que los estantes sean puramente utilitarios para proveer almacenamiento: pueden brindar un lugar perfecto para exhibir una colección de objetos atractivos, cristales, libros o porcelana. El sistema de estanterías puede convertirse en una parte integral del esquema de cada cuarto y debería hacer juego con el estilo arquitectónico o el ambiente que usted trata de crear.

Existen tantos tipos y sistemas en el mercado que puede estar seguro que encontrará alguno que se adapte a su presupuesto, desde los sistemas ajustables hasta la estantería colocada en el momento. Tenga en cuenta que el tamaño y el peso de los objetos que quiera exhibir definirá la profundidad, las dimensiones y la solidez del estante a elegir. También puede influir en el tipo de estantería y en el método de fijación.

Arriba: *Las estanterías no son necesariamente costosas. Sin embargo pueden tener un aspecto estilizado en cualquier cuarto. Las lámparas están dirigidas a acentuar la presencia de algunos objetos.*

ADAPTÁNDOSE A SU ESQUEMA

En un living de estilo tradicional, por ejemplo, se podrían incorporar estantes pintados hechos expresamente para libros y ornamentos que se colocan sobre armarios bajos de estilo, trabajados con paneles y molduras. Pero en un contexto hi-tech se puede agregar una estantería industrial que se sostienen en parantes, canastos de alambre, soportes para grabaciones y casilleros modulares. Estos sistemas modernos pueden darle sentido a una decoración.

Si dispone de una ventana que no necesite ser abierta o provista de cortinas, puede convertirla en un exhibidor reciclándola. Use ménsulas invisibles, que no se adviertan a través del vidrio, o elija otras que puedan utilizarse decorativamente, como las de hierro forjado y ornamentado diseñadas para ser vistas como parte del diseño total. Coloque plantas u objetos de cristal coloreado en este tipo de estantes, de tal modo que cuando la luz se filtre a través de ellos se obtenga un juego de luces y sombras y formas coloreadas interesantes proyectadas en los pisos y las paredes. Por la noche estos estantes deberían ser iluminados desde arriba, desde abajo o desde los costados para obtener el máximo de efecto, o bien con artefactos de luz integrales.

También puede obtener exhibidores atractivos en la cocina y en los dormitorios. En estos cuartos a menudo necesita almacenar pequeños objetos que ubicados en estantes a la vista pueden lucir muy decorativos. En una cocina moderna usted puede usar estantes metálicos y de vidrio para guardar relucientes equipos de cocina, legumbres, pastas coloridas y hierbas en frascos de vidrio. Pero en un cuarto de estilo campestre se adaptan mejor estantes de madera de pino, aparadores o estantes para exhibir platos de cerámica o porcelana, cacharros, pimenteros, flores y cristales, así como los objetos de uso cotidiano.

En el baño los jabones, las botellas y frascos de lociones pueden agregarle color y personalidad cuando se combinan con cuencos; puede incorporar plantas que crecen bien con el vapor, y otros objetos interesantes pueden convertirse en puntos focales decorativos. Una vez más los estantes de acrílico y vidrio pueden lucir muy bien en esta situación. No siempre es necesario tener estantes en el dormitorio, a menos que se trate del cuarto de un niño o un adolescente, donde son importantes para guardar libros, carpetas, juguetes, hobbies y grabaciones, pero no existen motivos para no colocar estantes atractivos de exhibición o de uso práctico con libros y archivos.

Se pueden llenar nichos o huecos en los dormitorios en forma similar a las descriptas para el

COMPRANDO ESTANTERÍAS DE VIDRIO

Si quiere estantes de vidrio, la mayor parte de los proveedores se los cortan a medida y lo asesoran sobre el espesor correcto del vidrio según el peso de los objetos que busca exhibir.

Asegúrese que todos los bordes se encuentren bien pulidos para que no haya accidentes cuando se los manipula o limpia.

Si se preocupa por posibles roturas puede usar estantes de placas de acrílico, pero son más caros que los de vidrio, se rayan con mayor facilidad y son menos rígidos, pero puede obtener algunos colores fabulosos en acrílico transparente.

Derecha: Un simple estante de madera sobre una pared con azulejos decorativos crea una atmósfera de cocina campestre al mismo tiempo que permite almacenar y exhibir objetos.

living y a veces, en las casas más viejas, los estantes pueden llenar un bache entre los armarios y los nichos a los lados de las chimeneas. Si los nichos no tienen suficiente profundidad y los armarios deben sobresalir, utilizando estantes se puede lograr un efecto más pulcro. Si la chimenea está fuera de uso se puede usar su abertura para colocar estantes fijos o de altura variable.

La chimenea debe tener una protección en la parte superior exterior (para que la lluvia, la nieve, o los pájaros no puedan entrar) e instalar una forma de ventilación para evitar el humedecimiento de las paredes. Estos nichos pueden ser buenos lugares para colocar un centro musical o un televisor, adaptándoles puertas para cubrir todo. Considere que el ruido sale por el conducto de la chimenea si vive en una zona residencial densamente poblada y puede molestar a sus vecinos.

Si hay una mesa de tocador o un lavabo colocado en un nicho en el dormitorio o en el baño, se pueden colocar estantes alrededor de un espejo de una manera similar a las estanterías del baño.

CONSTRUYENDO ESTANTERÍAS EXHIBIDORAS DE PLATOS

1 Sostenga las molduras en una posición que le permita definir la distancia óptima para que los platos puedan exhibirse adecuadamente y coloque un borde para impedir que los platos resbalen y para que se mantengan parados. Marque la posición del borde de contención sobre la superficie superior del estante. Luego introduzca clavos finos en la parte superior de la moldura de contención para que se introduzcan unos 12 milímetros en la tabla del estante. En los extremos del estante deben quedar a unos 32 milímetros de cada borde y los otros clavos deben clavarse a intervalos de unos 20 centímetros.

2 Aplique un adhesivo (cola blanca) en la parte inferior de las molduras y ponga los clavos en posición contra la línea marcada; elimine el exceso de cola con un trapo húmedo.

▲ **3** Introduzca las cabezas de los clavos bajo la superficie con un punzón y rellene el espacio con masilla o un sellador de madera al tono.

Arriba: *Se puede usar madera para hacer un estante que recorra toda una pared a la altura de un friso, en una cocina, un comedor o un hall. Se puede realizar un estante preparado para exhibir platos.*

MOLDURAS PARA ESTANTES EXHIBIDORES DE PLATOS

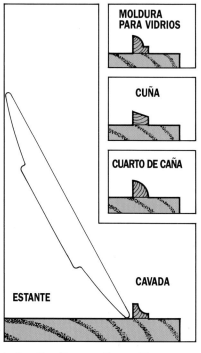

MOLDURA PARA VIDRIOS

CUÑA

CUARTO DE CAÑA

CAVADA

ESTANTE

Arriba: *Este diagrama ilustra diferentes secciones de molduras de madera adecuadas para sostener los platos.*

ESPECIERO

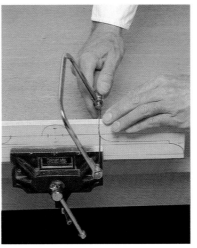

▲ **1** Corte las tablas que forman el marco lateral de un tamaño igual (unos 30 centímetros, según la altura de los frascos a guardar, dejando espacio suficiente como para sacarlos por encima del borde). Corte los tres es- tantes del mismo tamaño y termine su borde delantero con una varilla de madera moldurada que sobresalga del borde superior de cada estante.

▲ **2** Marque y corte el perfil decorativo de la pieza superior mediante una sierra de calar, dando una forma elegante. El ancho de esta pieza debe ser igual a la de los estantes. Luego lije todo.

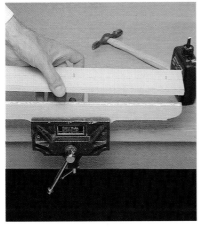

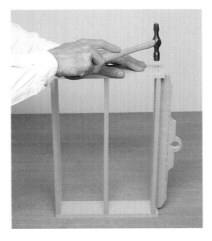

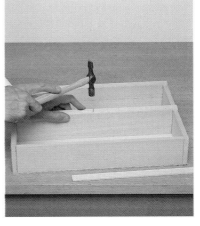

▲ **3** Marque una línea longitudinal por el centro en la parte inferior del estante de arriba, inserte una serie de clavos de 25 milímetros siguiendo esta línea hasta que las puntas apenas sobresalgan para asegurar la moldura superior. Sostenga la moldura en una prensa con la parte a pegar hacia arriba, encole y clave el estante superior con la línea de clavos centralizados sobre la moldura.

▲ **4** Coloque clavos de 38 milímetros en las piezas laterales, a través de la línea central de los estantes. Aplique cola a los extremos de cada estante, clave los parantes verticales sobre los mismos y elimine el exceso de cola. Luego empuje las cabezas de los clavos por debajo de la superficie y compruebe que todo haya quedado en escuadra.

▲**5** Corte de un tamaño adecuado el panel trasero en aglomerado, cubriendo todos los bordes de los estantes y parantes verticales. Encole estos bordes y clave el fondo con clavos de 12 milímetros. Corte las molduras del frente de los estantes considerando el ancho total del especiero, o sea superpuestas a las piezas laterales, encole estos bordes y fije las varillas molduradas alineadas con la base de cada estante con clavos de 12 milímetros.

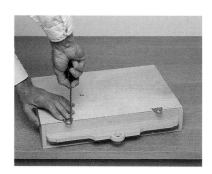

▲ **6** Fije con tornillos dos piezas destinadas a colgar espejos en la parte superior trasera del especiero. Mida el espacio existente entre los orificios y de acuerdo con esta distancia haga dos agujeros en la pared, coloque dos tornillos de cabeza redonda de 32 milímetros y verifique que el especiero haya quedado bien nivelado y seguro. Luego ajuste los tornillos firmemente. Finalmente saque el mueble de la pared y píntelo o barnícelo.

ESTANTES PARA PLATOS

▲ **1** Marque las tablas destinadas a los estantes todas juntas para asegurar que tengan la misma longitud y córtelas. Rotúlelas "arriba", "segunda", etc., y los extremos como "derecho" e "izquierdo". Corte los parantes laterales de altura adecuada según los tamaños de los platos y la forma en que se apoyan. Marque ambos lados verticales en forma conjunta para asegurar que tanto los estantes como la colocación de las barras de apoyo tengan alturas idénticas. Recuerde que cada pieza lateral debe ser la imagen simétrica de la otra. Una los estantes con las piezas laterales mediante clavijas de madera, que deben medir lo mismo que el espesor del estante más 25 milímetros.

▲ **2** Marque los centros de las clavijas de fijación en los extremos de cada estante, centradas a 12 milímetros de los bordes delantero y trasero. Perfore un orificio de 6 milímetros de diámetro y 25 milímetros de profundidad (usando una plantilla para que todos los orificios queden iguales); luego marque en los parantes verticales los lugares donde se colocará el otro extremo de la clavijas de madera correspondiente a cada estante, perforando un agujero igual pero de 15 milímetros de profundidad.

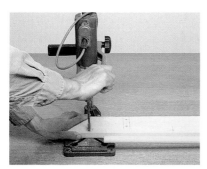

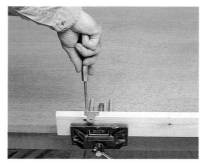

▲ **3** Luego en los parantes verticales perfore los agujeros para colocar las barras de apoyo cilíndricas; estos orificios deben tener un diámetro de 22 mm y una profundidad de 12 mm y con su borde externo a 4 mm del costado frontal de los parantes verticales. Use una mecha tipo fresa, con un tope de profundidad si se instala con un ta-

ladro eléctrico. Tenga cuidado de no atravesar el parante por completo.

▲ **4** Para fijar los estantes a la pared, arriba y abajo, atornille los soportes en la parte trasera de los estantes, a 75 milímetros de cada extremo y otros en el centro. Use preferentemente elementos metálicos que tengan un único agujero.

▲ **5** Encole y clave en el frente de los estantes horizontales una moldura en forma de media caña enrasada con la superficie superior de cada estante.

◀ **7** Encole y clave molduras en media caña en el frente de los parantes verticales de cada lado y cuelgue la unidad a la pared atornillándola mediante tarugos apropiados.

Abajo: *Exhibidores a lo largo de una estantería le permiten obtener un efecto decorativo a partir de los utensilios de cocina, particularmente adecuados para cocinas de estilo campestre.*

▲ **6** Coloque las clavijas en los extremos de los estantes golpeándolas con una maza de madera, encólelas y elimine el exceso de adhesivo. Ensamble los estantes y las barras de apoyo cilíndricas en los orificios de uno de los parantes laterales, encólelas y golpee con una maza hasta que queden perfectamente encastrados. Luego haga lo mismo con el otro parante. Refuerce todo el conjunto con grapas metálicas y colóquelo en un banco de prensa (si dispone de él) o con mordazas ajustables. Si no dispone de esos elementos ate el conjunto con fuerza mediante una soga, colocando un elemento amortiguador entre la soga y la madera, y ajústelo con un torniquete usando un trozo de madera. Compruebe que todo haya quedado en escuadra.

ESTANTERÍAS PARA NICHOS

Arriba: *Es simple fijar estantes de madera a los nichos a los costados de la chimenea para aprovechar estos espacios. Aquí los estantes fueron fijados a cada lado de la chimenea y pintados con el mismo tono que el resto.*

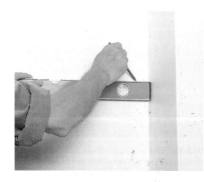

▲ **1** Corte una tabla de 25 por 50 milímetros (1" x 2") del largo de todo el fondo del nicho. Marque una línea horizontal todo a lo largo de la pared, cuidando su horizontalidad con un nivel de burbuja.

▲ **2** Perfore orificios en cada tabla a 40 milímetros de cada extremo y a intervalos de 40 centímetros y taladre un orificio mayor para embutir la cabeza de los tornillos de manera que no queden por encima de la superficie de la tabla. Los tornillos deben tener al menos 45 milímetros de largo. Coloque la parte superior de la tabla coincidiendo con la línea marcada en la pared y marque la pared con un clavo a través de los orificios de fijación. Perfore la pared para colocar los tarugos, de manera que los tornillos penetren por lo menos 25 mm en la pared. Atornille las tablas firmemente en su posición, comprobando que estén niveladas.

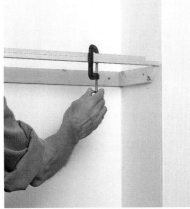

▲ **3** Corte dos tablas para sostener laterales, considerando el espesor de la tabla posterior y terminándola a 6 milímetros del borde frontal del estante, corte en un ángulo hacia atrás los extremos frontales para que se vean menos, taladre los orificios para los tornillos a 40 mm de cada extremo y dé a los tornillos y a la fijación de ésta el mismo tratamiento que en las tablas del fondo cuidando el nivel horizontal de la misma manera.

▲ **4** Mida la profundidad del nicho y reste el espesor de la tabla del frente (ver paso 6). Corte los estantes de este ancho, utilizando dos tablitas más cortas que el ancho del nicho y con un extremo cortado en ángulo, sostenidas juntas y superpuestas con las puntas hacia afuera y apoyadas en los extremos externos de las tablas laterales, deslícelas entre sí hasta que las puntas toquen ambos bordes del nicho y use una prensa para mantenerlas en esa posición.

▲ **5** Raras veces los bordes de un nicho se encuentran en escuadra. Antes de cortar los estantes a la medida del nicho mida la escuadría empleando una escuadra. Compruebe las dimensiones mediante una cinta métrica de acero, para ver si las caras del nicho se abren hacia adentro o hacia fuera. Una vez que compruebe lo mencionado, transfiera las medidas de las dos tablitas a los estantes, y córtelos 25 mm más anchos para ajustarlos a cualquier ángulo, y colóquelos dejando dos o tres milímetros de luz con las paredes. Usando la escuadra a partir del borde trasero del estante, marque las desviaciones del nicho con respecto a la escuadra, y verifique dos veces estas medidas usando las dos tablitas mencionadas. Si utiliza un serrucho de mano para cortar el estante con la longitud indicada, márquelo por su parte inferior y corte con este lado hacia arriba. Tenga en cuenta que el serrucho arranca la madera al subir, y de esta forma el daño a la superficie del estante quedará oculto cuando éste se apoye sobre las tablillas.

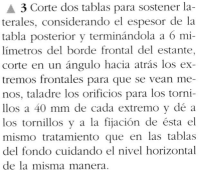

◀ **6** Cada estante debe estar bien ajustado a la forma del nicho. Cualquier terminación puede ser realizada con una garlopa. El estante puede ser asegurado a las tablitas con pequeñas ménsulas en ángulo. Para impedir que el frente del estante se doble con el peso, encole y clave una tabla a lo largo del borde frontal, oculte las cabezas de los clavos por debajo de la superficie y rellene con masilla del mismo color de la madera o común si se termina con pintura.

Arriba: *La estantería de cristal en un nicho es iluminada hacia abajo por una lámpara oculta.*

ILUMINACIÓN INTEGRAL

Se ilustrarán diferentes maneras de iluminar estanterías en la sección dedicada a este tema.

El método a elegir depende del tipo de estantería; de los objetos que coloque en los estantes, y también varía según quiera simplemente verlos con claridad o acentuar la existencia de algunos. Cuando realiza el proyecto tenga en cuenta la instalación de cables eléctricos en la etapa de construcción.

Una de las mejores formas de iluminar estantes exhibidores con los cuales quiera crear un cálido resplandor de fondo en los cuartos, consiste en una iluminación integral fijada sobre los estantes o incorporada en la construcción del sistema de estantes. Las lamparas de tungsteno de bajo voltaje o los tubos transparentes con lamparillas incorporadas pueden ser fijados al borde posterior o delantero de un estante y ocultados detrás de una faja para evitar el resplandor. Algunos exhibidores ya preparados traen un sistema de iluminación incorporado.

Luces superiores o spots pueden ser fijados en la parte superior de una estantería fija o colocados embutidos en el cielorraso sobre la parte superior de una estantería o de un nicho; también puede colocarse en una garganta en la parte superior, o bien es posible emplear una batería de lámparas enfocadas sobre los muros con luz suave. También pueden colocarse lámparas que enfoquen hacia arriba en la parte inferior de una estantería, creando un ambiente particularmente atractivo si los estantes son de cristal.

En forma alternativa puede ubicar lámparas portátiles sobre los estantes (incluyendo algunas que emiten luz hacia arriba) y algunas lámparas que crean sombra iluminarán con claridad todos los objetos que se encuentran en los estantes. Los spots enganchados a los estantes o sobre un barral pueden ser muy eficaces. Fije el barral al cielorraso por encima de una estantería, o bien para obtener mayor flexibilidad colóquelo a uno o ambos lados de la estantería. Se pueden apuntar estratégicamente los spots para iluminar varios lugares interesantes, y modificarlos cuando se quiera cambiar el arreglo.

ELIGIENDO TIPOS Y MATERIALES PARA ESTANTERIAS

Después de decidir dónde va a colocar una estantería y lo que quiere colocar en ella, tendrá que decidir qué materiales utilizará y cómo será sostenida. A su vez esto se relaciona con el tamaño y el peso de los objetos que quiere guardar. Decida primero si colocará estantes fijos o flexibles y ajustables; tal vez usted quiera comprar estanterías ya terminadas como un mueble o fabricarlas usted mismo de acuerdo con sus necesidades.

Izquierda: *La estantería ajustable terminada con suntuosa madera de caoba crea un aspecto cálido, de bienvenida en un living de estilo tradicional.*

ESTANTERÍAS AJUSTABLES

Izquierda: *Una estantería de altura variable colocada en el nicho de una chimenea en un living permite ubicar objetos útiles de diferentes tamaños. El color de la estantería contrasta con la pared del fondo y genera un detalle de diseño.*

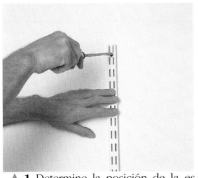

▲ **1** Determine la posición de la estantería sobre la pared. Marque la primera posición del parante perforado a unos 10 cm del estante más alto que quiera instalar. Por el orificio superior del parante marque en la pared el lugar donde colocar el tornillo. Perfore con un taladro un orificio para un tarugo adecuado al tamaño del tornillo que usará que penetre al menos 12 mm en el revoque y por lo menos 25 mm más en los ladrillos (al comprar los tornillos tome en cuenta el espesor del parante). Inserte el tarugo en la pared y atornille

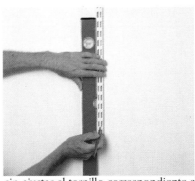

sin ajustar el tornillo correspondiente al orificio superior del parante.

▲ **2** Establezca la verticalidad del parante mediante un nivel de burbuja y marque la posición del orificio inferior del parante en la pared. Corra el parante colgado del tornillo superior hacia un costado y coloque un tarugo en la misma forma que la del orificio superior y atorníllelo sin apretarlo totalmente. Marque a través del parante la ubicación de los otros tornillos, coloque los tarugos y apriete firmemente todos los tornillos.

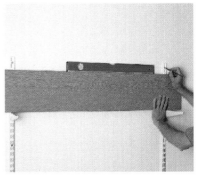

▲ **3** Coloque una ménsula a una altura conveniente en el parante fijado y una segunda ménsula en la ranura correspondiente de otro parante. Marque la posición aproximada del segundo parante y coloque uno de los estantes apoyado en ambas ménsulas. Verifique la pendiente con un nivel de burbuja bajando o levantando el segundo parante hasta que el estante quede perfectamente horizontal. Marque a través del orificio superior del segundo parante el lugar donde colocar el tornillo y fíjelo en posición en la misma forma que el otro.

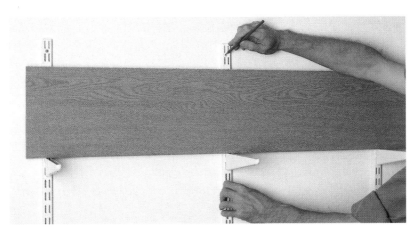

◄ **4** Coloque los parantes intermedios insertando una nueva ménsula en la ranura correspondiente a los ya instalados y hágala coincidir con la parte inferior de un estante sostenido por las otras dos ménsulas. Atornille como antes. El espacio máximo de separación entre parantes debe ajustarse a las cargas que deban soportar (ver tabla en página 45). Finalmente inserte las ménsulas en todos los parantes a las alturas requeridas y apoye sobre ellas los estantes. Si hay niños tome la precaución de atornillar los estantes a las ménsulas.

SISTEMAS AJUSTABLES PREFABRICADOS

Es muy simple instalar estos sistemas flexibles pues consisten en parantes metálicos en varias alturas desde unos 35 centímetros hasta 2,40 metros, que pueden ser cortados a la medida requerida con una sierra para metales. Pueden ser anodizados en terminaciones plata u oro, o esmaltados en negro, cobre o bronce. Algunos sistemas vienen en blanco o en colores satinados que pueden combinarse para adecuarse al entorno donde se ubicarán o que contrasten si quiere obtener un rasgo original.

Los parantes son fijados verticalmente a la pared, y en nicho normal bastan dos o a lo sumo, tres. Pero si tiene separaciones muy grandes o apoyará objetos pesados necesitará más puntales y ménsulas en los parantes. Los fabricantes hacen recomendaciones que puede encontrar en los puntos de venta; estúdielas cuando compre el sistema. Las ménsulas se ajustan en las ranuras de los puntales que se atornillan a la pared. Los estantes se apoyan en estas ménsulas que se pueden subir y bajar de acuerdo con sus necesidades.

Las ranuras (y los correspondientes ganchos de fijación de las ménsulas) pueden ser cuadradas, en forma de T o dobles. Es esencial comprar la ménsulas correctas para cada tipo de parantes, pues raras veces pueden combinarse dos tipos de sistemas diferentes. Un tipo tiene canales continuos que permiten fijar las ménsulas en cualquier punto.

Los estantes se proveen en diferentes materiales, desde madera maciza, aglomerados enchapados en láminas de melamina hasta el vidrio, y las ménsulas deben ser del tipo adecuado para sostener estos diferentes materiales. Habrá que tener en cuenta de nuevo, el peso, la profundidad y la longitud del estante. Las ménsulas deben ser casi tan largas como la profundidad del estante, y no deberían sobresalir más de 25 milímetros. En algunos casos el estante es sostenido por una guía en el frente de la ménsula; en otros, los estantes están fijados realmente a la ménsula.

Existe un cierto número de sistemas ajustables en madera y uno de metal que utiliza sujetadores en lugar de ménsulas. Estos pueden ser de bronce o de acero cincado y se atornillan a los la-

Arriba: *Este cuarto de adolescente está vinculado con los cambiantes requerimientos de su dueño. Se usa un sistema flexible de almacenamiento con el fin de sostener amplios estantes y usarlo como escritorio para operar una computadora, colocar un televisor y separar el área de dormir de la zona de trabajo del cuarto. Un pequeño gabinete de archivo completa el equipamiento.*

dos de un nicho o a los paneles laterales de una biblioteca.

Vienen de varias formas y tamaños. Algunos están diseñados para estantes pesados –adecuados para un estudio u oficina hogareña–, mientras que otros se adaptan a estantes de vidrio.

SOPORTES AJUSTABLES DE ESTANTES MONTADOS EN UN PANEL

Es posible fijar estantes en su lugar mediante perchas o ménsulas (que vienen en diferentes tamaños y formas, en metal, plástico o madera), clavadas a intervalos regulares en orificios de tamaño similar a lo largo de un parante de madera. Se insertan cuatro perchas en cada nivel que se asientan bajo cada esquina del estante para obtener una fijación invisible, y se dispone de ménsulas similares para estantes de vidrio. Se pueden cortar ménsulas de madera y clavarlas en los orificios para sostener las cuatro esquinas de cada estante.

Se puede usar también un soporte de alambre que tiene la ventaja de ser casi invisible. Se taladran orificios en los parantes para soportar los extremos de un larguero de alambre galvanizado de 3 milímetros; los extremos de los estantes son acanalados y se deslizan sobre el alambre que los sostiene horizontalmente de cada lado. Estos métodos no son adecuados si se trata de cargas pesadas, pero se puede usar una brida metálica de dos partes, que funciona como una bisagra capaz de aguantar cargas y estantes más pesados.

ESTANTES INSTANTÁNEOS

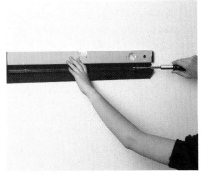

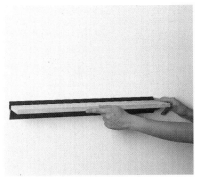

▲ **1** Establezca la línea horizontal usando un nivel de burbuja y marque la pared. Controle para obtener mayor precisión cuando el soporte ya esté colocado y atorníllelo a la pared.

▲ **2** Coloque el estante en la ranura de soporte con el borde delantero más alto que el trasero y empuje hacia adentro y hacia arriba para que encaje. Pruebe la rigidez y la solidez antes de ubicar objetos sobre el mismo. ·

A la derecha y arriba a la derecha: Se pueden usar soportes simples pero fuertes para fijar estantes a la pared. Pueden soportar cualquier tipo de estante, y son particularmente eficaces para sostener estantes de cristal, pues las fijaciones son casi invisibles. En un interior moderno son muy adecuados y también pueden ubicarse montados en la pared en un garaje o taller para colocar latas de pintura y herramientas.

ESTANTES FIJOS MONTADOS EN LA PARED

Con este método de fijación los estantes se fijan a la pared en forma permanente mediante fuertes ménsulas o soportes, de metal, plástico o madera. Algunos son adecuados para una pared normal y otros para un nicho. Se aconseja asegurar los estantes atornillándolos a las ménsulas que se deberían elegir en relación con el tamaño del estante y el peso que deben soportar; habrá que colocar más ménsulas a medida que las cargas se hacen más pesadas (ver tabla de la página 45).

Algunas ménsulas tienen forma de L, en metal (acero o aluminio) en tamaños que van desde 15 a 60 centímetros para anchos estándar de los estantes.

El borde frontal del estante no debería sobresalir más de 25 milímetros de la punta de la ménsula, por lo cual se debe elegir un tamaño y un espesor adecuados. Algunas ménsulas tienen un diseño decorativo ondulado y un aspecto muy atractivo en combinación con estantes exhibidores transparentes.

Las ménsulas triangulares metálicas sólo se usan para ubicar un estante en un nicho, y suelen ser de un diseño más utilitario. Una parte del triángulo se fija a la pared y el resto sostiene el estante, distribuyendo el peso en forma pareja.

Las ménsulas en voladizo son barras metálicas insertadas en un orificio en la pared y en el borde trasero en cada extremo del estante. Se fabrican en diferentes tamaños y son metálicas o de plástico resistente al impacto y moldeadas con un núcleo de acero de alta tensión que brinda una robustez adicional.

También se pueden usar tablas de madera para sostener estantes fijos. Los largueros de madera se fijan a la pared para sostener a los estantes y sólo sirven en un nicho o hueco de la pared porque no tienen un brazo para sostenerlos. El espesor de las tablas dependerá del peso del estante y de la carga. Habitualmente se pueden comprar de diferentes tamaños: 25 x 25 mm (1"x1"), 38 x 25 mm (1 1/2" x1") y 50 x 25 mm (2" x 1"). Como alternativa se puede cortar una sola madera de un tamaño adecuado para los fines buscados (ver páginas 38-39 para detalles sobre instalación de estanterías en un nicho.)

También se pueden usar varillas metálicas en ángulos o ménsulas de aluminio continuas de alta resistencia, básicamente en forma de L. El estante se asienta dentro de la "L" por lo cual no se lo debe ajustar demasiado contra la pared. Las varillas continuas sostienen el estante en toda su extensión y se adaptan para listones de 15 mm o de 18 mm. Las longitudes van de 60 centímetros a 2,40 metros.

Derecha: *Se pueden fijar estantes a la pared usando varios tipos de ménsulas. Elíjalas de acuerdo con el estilo del cuarto y el peso que deban soportar. Los ejemplos ilustrados incluyen ménsulas decorativas de acero, con hierro forjado en varios tamaños, recubiertas con epoxi en colores negro o blanco (1); ménsulas muy fuertes de acero colocadas por encima de una fijación oculta (2); ménsulas plegadizas para estantes (3); ménsulas de acero en ángulo recto de acero para pesos medios (4); ménsulas terminadas en bronce para un aspecto más tradicional (5).*

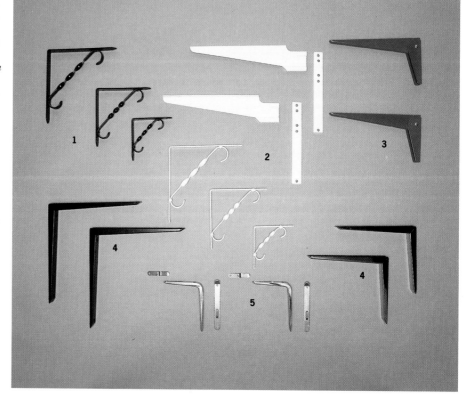

Arriba: *Una ménsula que ahorra espacio, plegable en un solo sentido y diseñada para soportar estanterías hasta una profundidad de 45 centímetros.*

FIJACIONES

En su mayor parte las ménsulas y los parantes para los estantes deben ser fijados a la pared con tornillos de madera seleccionando el largo y el diámetro correcto de acuerdo con la carga a soportar. El material de la pared determina el tornillo a utilizar. Por ejemplo los tornillos de madera no se sostienen bien en la mampostería; por lo tanto es necesario colocar tarugos. En las paredes macizas se pueden usar tarugos plásticos comunes, un tarugo resistente u otro liviano, o tarugos de fibra. O bien para fijar cargas pesadas a paredes de mampostería o cemento se puede utilizar un perno para mampostería. Para las paredes huecas existen pernos pasadores con alas y pasadores que se abren detrás de la pared hueca después de ubicado, emparejando la carga en la parte interior.

Para la mayor parte de las estanterías resultan adecuados tornillos de madera de 50, 62 o 75 mm.

En las paredes macizas el largo del tornillo debe ser suficiente para pasar el soporte e introducirse 25 mm más allá del yeso, penetrando en la mampostería. En las paredes divisorias huecas el tornillo que se use depende del tipo de terminación y materiales. En algunos comercios se venden los tarugos con sus correspondientes tornillos.

MATERIALES PARA LOS ESTANTES

Existen en el mercado algunos estantes de aglomerado terminados con laminados plásticos. Estos y algunos otros tipos de materiales para estanterías se venden en dimensiones estándar y algunos vienen en colores pintados. Si se desean estantes coloridos no hay motivos para no pintarlos o colorearlos uno mismo.

Se puede utilizar casi cualquier cosa para hacer estantes, con una amplia diversidad de aspectos, calidades y precios. Se los puede comprar como tablones largos, o pedir que los corten de medida; en este caso es importante estar seguro de las medidas.

Puede elegir aglomerados de madera pesada, recubiertos con melamina o enchapados en madera; vienen en aglomerados blandos, duros y de densidad media y enchapados (que se deben barnizar), en acrílico que debe tener un espesor mínimo de 10 mm, vidrio plano (con un espesor de por lo menos 6 mm, seleccionado de acuerdo con el peso que debe soportar).

Algunos tipos de estantería (como el cristal) necesitan ménsulas especiales, por lo cual conviene decidir primero el tipo de estantería a colocar.

MATERIALES PARA ESTANTERÍAS DE ACUERDO CON SUS CARGAS

La siguiente tabla indica el espacio máximo entre soportes para cargas de medianas a pesadas. Tome en cuenta que si usa una estantería de cristal, los estantes mismos son relativamente pesados. Use ménsulas adecuadas y asegúrese en cualquier tipo de estantería que los tornillos se encuentren firmemente encastrados.

material	espesor	longitud entre soportes
tablones de placa	12 mm	45 cm
	19 mm	80 cm
	25 mm	100 cm
aglomerado	15 mm	50 cm
	19 mm	60 cm
	25 mm	75 cm
madera terciada	12 mm	45 cm
	19 mm	80 cm
	25 mm	100 cm
madera	15 mm	50 cm
	22 mm	90 cm
	28 mm	106 cm
cristal	4 mm	Nota: El cristal no es adecuado para
	6 mm	objetos pesados y se debe calcular la
	10 mm	separación entre los estantes en
	22 mm	relación con la carga, Es aconsejable
		una separación máxima de 50-60 cm,
		pero consulte a un proveedor.

ESTANTES DECORATIVOS

Se pueden hacer estanterías fijas y ajustables con distintos materiales (ver páginas 40-45), pero en lo esencial se elige la madera o algún tipo de tabla para los estantes en sí, que se cuelgan con distintos sistemas de fijación. Esto confiere una mayor flexibilidad para los fines decorativos; se pueden colorear los estantes para que se disimulen en el fondo: píntelos o coloréelos junto con sus soportes en el mismo color que la pared o el nicho que se encuentra detrás de ellos. O bien se puede darles estilo para que sobresalgan y se conviertan en un tema de decoración por sí mismos.

En un living tradicional coloréelos de color oscuro, y ubíquelos contra una pared color damasco pálido, rosado o celeste cielo; textúrelos de manera que tengan aspecto de pino antiguo y exhíbalos delante de paredes pintadas de blanco. En un invernadero coloree o pinte los estantes en un denso color verde follaje y sosténgalos sobre peldaños blancos o enrejados, o bien pinte los estantes en amarillo, los parantes en azul puro y colóquelos en un nicho de azul más pálido o verde jade, terracota o aguamarina para dar más luminosidad a un rincón de comer oscuro.

En un living moderno, instale estantes de color negro ceniza, haciendo juego con los otros elementos del ambiente, sosténgalos con parantes de aluminio anodizados en color plata, y pinte el entorno en un color primario audaz, o cubra las paredes con telas de yute de colores profundos, use estantes de madera de teca clara, de estilo escandinavo sostenidos por parantes de bronce o sobre escalones negros y blancos destinados a llenar un espacio triangular debajo de una escalera. Si bien en un ambiente moderno se seleccionan estantes de aglomerado con laminado de melamina blanca, para el dormitorio de un adolescente o un cuarto de niños elija parantes coloridos, sostenes tubulares acanalados o metálicos para hacer juego con el resto de la decoración.

Arriba a la derecha: *Agregue un toque decorativo extra a un aparador de pino y coloque una faja de papel o de tela con motivos similares a la decoración de la porcelana o del cuarto.*

Derecha: *Se pueden decorar los bordes de estantes pequeños y pulcros en forma simple con una sierra de calar.*

BORDES

No olvide colorear el borde del estante. En algunos casos puede resultar difícil, pues el color o la pintura puede ser absorbido por el núcleo de la tabla y el aspecto final resulta de un color sucio. Puede ser necesario agregar una tira de terminación al borde delantero para que el color sea siempre el mismo en todo el estante. Si esto no es factible, hay muchas formas atractivas de dar terminación a los bordes de los estantes para crear un aspecto decorativo y altamente personal.

El tratamiento a elegir dependerá del cuarto y de su estilo. Para un efecto femenino o campestre se puede usar una tela fruncida para un ribete hecho en la misma forma que una cortina, o se puede suspender de un alambre para sostener cortinas o forrado en la misma tela y atornillado al borde del estante en varios lugares. Esto tiene un aspecto fruncido y fresco en una cocina si la tela es roja y blanca o azul y blanca. Esta solución es aceptable también para el cuarto de una niña pequeña y en un baño se puede usar una tela de algodón floreado. También puede adornar de esta manera estantes o aparadores de pino para darles un aspecto más suave. Si quiere ocultar cosas en los estantes use cortinas algo más gruesas y suspéndalas de rieles de cortinas fijados al borde de un estante.

Existen muchas terminaciones para los estantes y las estanterías, desde telas fruncidas hasta tejidos de crochet, pasando por todo tipo de cintas, que agregan un toque elegante en los bordes de las estanterías en baños o dormitorios.

Guirnaldas de flores y hojas secas y otros adornos de tipo campestre darán un aspecto igualmente atractivo en el contexto correcto. Busque en las tiendas y mercerías o en canastos de saldos telas para estos menesteres.

También puede forrar los estantes en tela o films plásticos para estantes deteriorados o muy usados. Si usa un riel decorativo de bronce para la terminación puede darle un aspecto atractivo, o puede hacer una funda de tela fácil de limpiar y que no encoja para envolver totalmente al estante.

Si los forra con un plástico autoadhesivo puede obtener una fácil limpieza y también puede poner papel de empapelar en los frentes de los estantes para mejorar su presentación. También puede agregar un efecto de diseño adicional si pone un volado o un plegado en forma de diamante.

Para un borde fijado en forma permanente puede cortar una madera o terciado formando una cornisa decorativa, por ejemplo en forma de dientes triangulares o en zigzag y clavarla en el frente de algunos de sus estantes, pintándolos antes de fijarlos en colores que combinen o hagan contraste con el ambiente.

Un efecto arlequín con triángulos de dos tonos resulta particularmente atractivo en una cocina familiar o un cuarto de juego. Un enrejado de jardín coloreado o pintado puede ser fijado al borde del estante como un adorno, previo lijado de la madera.

Se puede ubicar algunos de estos bordes para que se proyecten un poco por encima del borde del estante, funcionando como un sistema de retención que impida que la porcelana y los cristales se deslicen fuera del estante. Con el mismo fin se puede fijar arriba del estante un riel o un pequeño listón.

Abajo: Se pueden aprovechar al máximo los espacios al lado y encima de una ventana. Los estantes se entonan con una faja bordada, empleada normalmente para los bordes de manteles.

BORDES DECORATIVOS PARA ESTANTES

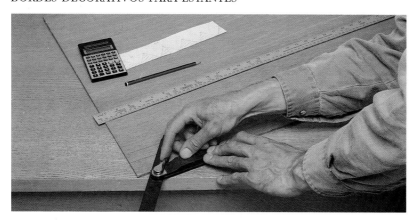

▲ **1** Mida la longitud de cada estante y decida cuántos recortes puede hacer sobre él. Como guía para el cálculo, los triángulos de la foto tienen una base de 50 mm y una altura de 35 mm, lo cual da un ángulo de 70 grados. Dibuje unos pocos triángulos sobre el papel para controlar su forma. Marque la profundidad total de los cortes en la madera terciada (en este caso 60 mm) y la línea de base de la cual colgará la tira de triángulos (a 25 mm del corte). Divida la línea de base en unidades de igual longitud a la base de un triángulo. En el punto medio entre dos de estas divisiones, en el borde inferior haga otra marca para marcar la cúspide del triángulo y una este punto con los dos puntos adyacentes de la línea de base. Fije el ángulo de una escuadra de ángulo variable uniendo estos dos puntos.

▲ **2** Deslice la escuadra de ángulo variable a lo largo del borde que tendrá las cúspides de los triángulos y marque las líneas paralelas que unen la cúspide con la base de cada triángulo, y luego repita la operación con el otro lado hasta formar la línea de cortes triangulares. Marque con una cruz los espacios que serán eliminados.

▲ **3** Fije la madera terciada a la superficie de trabajo y recorte cada triángulo con una sierra caladora, trabajando desde afuera hacia adentro y cortando los triángulos siguiendo la línea desde el lado que se eliminará. Finalmente corte a lo largo del borde no ornamentado, lije todo primero con lija mediana y termine con lija fina, lijando hacia la superficie trasera (sobre la cual se marcaron las líneas).

Izquierda: *Los bordes con una forma geométrica de colores vivos ayudan a definir el toque folclórico de este interior. Se logra un impacto inmediato de efecto global de una manera simple y no costosa.*

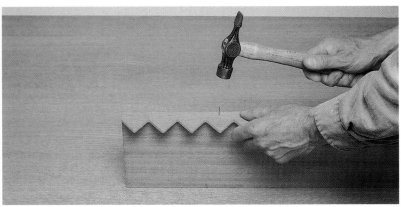

▲ **4** Inserte clavitos de 15 mm en la madera terciada, clavados a intervalos de 150 mm hasta que asomen apenas por el otro lado, cuidando que queden en el medio del espesor del estante. Aplique cola blanca al borde del estante y posicione la guarda de manera que coincidan con el estante tanto sus extremos como su borde no decorado.

Golpee los clavitos con un martillo hasta que queden justo por debajo de la superficie de la madera terciada. Elimine el exceso de cola con un trapo húmedo. Haga una mezcla de aserrín y cola y utilícela para rellenar los espacios dejados por los clavitos. Pula suavemente la superficie y aplique la terminación necesaria.

BORDES EN FORMA DE ALMENAS

Mida la longitud del estante y decida cuántos recortes serán necesarios. Haga un dibujo de unas pocas almenas sobre un papel para controlar la forma. Como una guía para el cálculo, los recortes que se muestran en la foto tienen un ancho de 40 mm y una profundidad de 35 mm. Marque la profundidad total del borde sobre la placa de madera terciada, que en este caso debe ser de 60 mm, y también dibuje la línea de base a partir de la cual se hará la parte superior de los recortes (25 mm). Divida la línea de base en partes de igual longitud que el ancho de un recorte. En este caso recuerde que necesitará un número impar de unidades, pues la guarda debe terminar de la misma manera que empieza, con un borde sobresaliente. Coloque una guía en la parte inferior del corte y luego con una escuadra marque los cortes que deba hacer, y marque los sectores a vaciar.

Fije la tabla de terciado a la mesa de trabajo y con una caladora corte hasta la línea de base, controlando el corte desde el lado que va a vaciarse. Para eliminar las partes vacías ubique la caladora en uno de los lados cortados y haga un corte curvo hasta alcanzar el fondo. Luego corte a lo largo de la línea de base para eliminar la segunda esquina.

ARMARIOS Y ALACENAS

Si ha tomado decisiones sobre muebles (con o sin estanterías) destinados a proveer espacio de almacenamiento para algunos de los objetos de su hogar, probablemente necesitará agregar unos pocos muebles sueltos, que acompañen las estanterías ya existentes o los muebles incluidos en la construcción de la casa.

Los muebles más comunes son aparadores, cómodas, roperos y alacenas que se pueden comprar nuevos y listos para usar. O puede comprar muebles desarmados y ensamblarlos usted mismo; o buscar algunas pichinchas en casas de remates o en "ferias americanas" o en un "mercado de pulgas" o cualquier otro lugar de venta de cosas usadas u objetos no reclamados.

COMPRANDO MUEBLES NUEVOS

Si compra muebles nuevos es obvio que elegirá algo que le guste; que se adapte al estilo del cuarto y tal vez le agregue personalidad y se encuentre al alcance de su presupuesto. Existe una amplia oferta de muchos fabricantes que se adaptan a todos los gustos. Se trata simplemente de salir de compras. No compre lo primero que vea.

Lleve el plano de su cuarto y la cinta métrica para controlar las dimensiones y estar seguro de que lo comprado se adapta al espacio disponible. Mida también la parte interior para estar seguro que entre cómodamente todo lo que quiere guardar. Mida y controle el barrido de las puertas para que puedan abrirse por completo y tome las cosas con humor cuando las lleve a su casa. Aunque compre muebles nuevos en comercios prestigiosos es sabio precaverse controlándolos por todas partes, y zamarréelos para ver si se tambalean. Saque los cajones y controle las correderas y las bases de los mismos. A veces son tan débiles que sólo aguantan el peso de unos pocos objetos, por lo cual no le servirán si se propone llenarlos con libros y papeles pesados.

Empuje los cajones hacia adentro y hacia afuera para asegurarse que se deslizan suavemente, y controle las manijas y otros cierres para que no le lastimen los dedos o se salgan del mueble. Si las manijas no son las habituales, controle que existan repuestos para el caso de roturas. Controle las bisagras en aparadores, guardarropas, muebles de cocina o armarios, abriendo y cerrando las puertas para comprobar que están bien enganchadas. Mire las patas para asegurarse que son fir-

Arriba: Alacenas abiertas y cerradas construidas expresamente arriba de una mesada revestida en una cocina llena de color.

mes y bien fijadas y que no sobresalgan demasiado hacia afuera. Todo mueble debería estar bien balanceado.

Si compra aparadores y armarios de cocina o de baño, se pueden elegir muchos estilos diferentes. Algunos son de construcción rígida; otros vienen desarmados para que se ensamblen en casa; otros se venden como parte de paquetes totales de instalaciones que se hacen a domicilio (el instalador puede incluso proporcionar algunos artefactos). Asegúrese de saber exactamente lo que hará el proveedor: ¿están incluidas las terminaciones? ¿qué puede decir de la redecoración del cuarto, los revestimientos y los pisos?

Algunos muebles son de madera maciza, o aglomerados de densidad media y otros tienen terminaciones con láminas de colores brillantes. Controle que le entreguen lo que usted pidió: algunos muebles tienen puertas de madera maciza o enchapada, pero el cuerpo del mueble es de inferior calidad, a pesar de lo cual lo llaman "madera maciza". Asegúrese que no tienen astillas en la superficie o en los bordes.

HACIÉNDOLO

Se pueden renovar frentes de puertas y cajones en los aparadores de cocina. Hay varias formas de hacerlo, desde pintarlos o forrarlos con plásticos autoadhesivos a renovar completamente las puertas. A veces puede hacerlo usted mismo si las dimensiones son estándar (ver página 56) pero hay también proveedores especializados en reponer puertas; busque en las guías de teléfono para obtener los nombres, direcciones y números de teléfono.

Se pueden pintar las superficies de melamina si están en buenas condiciones, y puede crear formas interesantes en puertas y frentes de cajones para dar un nuevo aspecto a los muebles de cocina.

Si quiere nuevas superficies de trabajo al tono, pídalas cortadas de medida y en la forma en que las necesita (en caso necesario haga una plantilla) y péguelas sobre la parte superior usando un adhesivo adecuado.

PINTANDO MUEBLES DE COCINA DE MELAMINA

▲ **1** Saque las puertas y los cajones. Lávelas con agua caliente jabonosa y líjelas dos veces con lija fina seca y lija húmeda para eliminar la suciedad y la grasa. Deje secar. Limpie con un trapo limpio con alcohol. Pinte las superficies con pintura de terminación brillante; será el color principal, de modo que tiene que ser el más pálido.

▲ **2** Planifique el diseño a escala natural en una gran hoja de papel. Corte una plantilla de cartón rígido del mismo tamaño del elemento a pintar y marque suavemente con regla y lápiz el dibujo en diamante sobre la superficie pintada. Pinte los diamantes en el segundo color, primero en el centro y complete los bordes con un pincel fino. Deje secar. Si fuera necesario se podría proteger toda la superficie con varias manos de barniz claro. Coloque las puertas y frentes de cajones en su lugar.

COMPRANDO DE SEGUNDA MANO

Se les puede dar una segunda vida a los muebles viejos –aparadores, alacenas y otras unidades– con pinturas, carbonillas y varias técnicas novedosas; por calcado, agregando molduras y adornos, colocando nuevos picaportes y manijas; o colocando recortes. Algunas de las terminaciones interesantes que vale la pena probar incluyen el marmolado, graneado, manchando y limpiando, etc.

CONTROLE

Desde luego, puede encontrar un mueble atractivo que sólo requiere pequeños arreglos para que vuelva a su gloria anterior y que sería una lástima pintar, manchar o disfrazar de cualquier manera. Controle que no sea demasiado costoso o difícil restaurarlo. Si encontró un mueble costoso, asegúrese que es lo que dicen que es, no un armado de diferentes orígenes o envejecido artificialmente. La única forma de estar seguro consiste en ir a un comercio prestigioso o pedir asesoramiento profesional.

Antes de comprar muebles de segunda mano haga todos los controles que aplicaría a cualquier mueble. Sacúdalo para estar seguro que no se ladeará al usarlo y que su construcción es sólida; en caso contrario se puede reforzarlo con puntales de metal o de madera o esquineros. Controle la firmeza de las patas y parantes y descubra cualquier señal de carcoma; si ha estado sobre un piso húme-

do durante un cierto tiempo, la base puede haberse carcomido.

Saque los cajones de los armarios, y controle el estado de las correderas para ver si son firmes y se abren fácilmente. Si se traban puede ser que los cajones hayan sido mal ubicados: trate de cambiarlos de lugar. Si las correderas están gastadas se pueden sustituir, pero no combine las nuevas guías plásticas con muebles viejos: la madera es lo mejor. Si fuera realmente necesario pueden utilizarse correderas metálicas.

Mire la base de cada cajón; asegúrese que no está rajada y que tiene suficiente solidez para aguantar el peso que debe guardar allí. Tal vez sea posible consolidar la base de los cajones o reemplazarlos por completo.

Controle las bisagras, las manijas y los picaportes para asegurarse que funcionan y también que son originales. Algunos pestillos o manijas pueden haber sido sacados o sustituidos por otros nuevos de feo aspecto. Desde luego, se puede modificar totalmente el aspecto de un mueble con manijas nuevas. También las bisagras pueden ser malas, feas o duras, pero se pueden reemplazar con bastante facilidad. Muchas empresas especializadas las producen.

No olvide controlar los gusanos de madera. La señal de que están allí son pequeños orificios, similares a los de un salero, que hacen las larvas al salir de la madera, y puede haber un polvillo fino de madera en el piso debajo del mueble. Si hay una infestación pronunciada no lo compre. Puede arriesgarse si trata el mueble con un producto adecuado antes de traérselo a su casa, porque resulta esencial tratarlo antes de que entre en contac-

Izquierda: Es fácil lograr este atractivo aspecto envejecido. Pase una mano de pintura al agua verde (látex). Cuando se seque cubra con una mano de azul; cuando la pintura al agua azul esté aún húmeda pase un trapo seco que deje ver la pintura verde de abajo.

Arriba: Embellezca los muebles de madera con diseños plantillados. Haga las plantillas con acetato transparente o cartulina dura usando un cortante para recortar el modelo. Pegue la plantilla y aplique pintura con un pincel plano.

Arriba y a la derecha: En la cocina se puede utilizar una alacena de madera para guardar hierbas y especias. Emplee papel carbónico para transferir el diseño al panel frontal y pinturas acrílicas brillantes para llenar el diseño.

to con otras maderas en su casa, pues el gusano de madera puede atacar no sólo los muebles, sino toda la estructura del edificio.

Tome las medidas (ancho, alto y profundidad) del mueble tanto en exterior como en el interior para estar seguro que encajará exactamente donde usted decidió colocarlo; que tendrá espacio para los objetos que quiere guardar en él y que puede introducirlo en su casa por las escaleras y pasillos.

VUELVA A LO BÁSICO

Si tiene la intención de pintar, teñir o hacer cualquier otra terminación decorativa tendrá que despintar hasta llegar a la madera desnuda, preparando la superficie y empezando desde el comienzo. Hay varias formas de lograrlo.

Si compra un mueble viejo o piensa pintar uno, recuerde que si está enchapado no se puede pelar. Cualquier tipo de "pelador" cáustico disolverá también la cola, haciendo que el enchapado y la pintura salgan juntos. De cualquier manera es una lástima pintar sobre un mueble enchapado, pero no hay motivo para no pintar un mueble revestido con esterilla. Pero tendrá que reparar cualquier astilla en la superficie, o reemplazar cualquier trozo de enchapado que falta para obtener una superficie lisa sobre la cual se pueda trabajar. Para raspar un mueble de madera maciza pintado anteriormente puede tener que llevarlo a una empresa que despegue la pintura en un baño de soda cáustica caliente, lo cual ahorra mucho tiempo y trabajo. Esto elimina todo rastro de pintura de molduras intrincadas y superficies curvas, pero es posible que el baño de soda cáustica disuelva la cola, y puede sorprenderse al ir a buscar sus muebles y recibir una pila de pedazos de madera. A veces las puertas se tuercen: discuta este tema con el profesional antes de tomar una decisión.

Tal vez no sea necesario pelar en modo alguno un mueble bien pintado; se lo puede lavar con jabón o un limpiador de marca y agua; frótelo has-

ta secarlo y luego use lija liviana, obteniendo una superficie ligeramente áspera como una "clave" para otras manos de pintura. Siempre es sensato usar una mano de base que sea compatible con la pintura de terminación. No use pintura al agua (látex) en muebles. Entre ambas manos de pintura lije suavemente para obtener una terminación perfecta.

PULIENDO PUNTAS

Si la pintura está en mal estado y ha decidido no arriesgarse a "bañar y pelar", comprobará que un removedor químico es el mejor método. Los tratamientos calientes como los sopletes de mano o de aire caliente de alta temperatura pueden fácilmente chamuscar e incluso quemar la madera.

Hay dos tipos de removedores químicos: líquidos y en pasta. Ambos son muy cáusticos y deben ser usados con precaución. Trate de trabajar en el exterior o en un garaje bien ventilado; proteja el piso con diarios viejos, use anteojos de seguridad y proteja sus manos con guantes de goma. Si se produce un derrame accidental, elimínelo de inmediato; enjuague la piel o las ropas salpicadas con mucha agua fría. Para los removedores líquidos use un viejo cepillo de pintura limpio. La pintura debería arrugarse y comenzar a partirse después de 15 minutos, pero siga cuidadosamente las instrucciones del fabricante. Déle bastante tiempo para no tener que volver a aplicar, pero no deje que se seque porque la pintura puede volver a secarse. En algunos tipos de removedor, se recomienda cubrir la superficie con plástico o papel para impedir que se seque. Use un raspador sobre las grandes superficies planas, alejándolo de us-

Arriba: *Amplíe el plazo de vida de una cómoda. Marque los diseños de la cómoda con tiza y píntelos con pintura acrílica.*

ted. Use un cepillo para madera para pulir pequeñas superficies y molduras tirando la herramienta hacia usted. Despeje inmediatamente toda la pintura raspada. Si las piezas tienen demasiada pintura tal vez necesite repetir el proceso.

Con los removedores en pasta, aplique una mano espesa siguiendo las instrucciones con un viejo pincel limpio. Se suele recomendar que se cubra la pasta con plástico mientras el producto trabaja y se salpique ocasionalmente con agua. Después del plazo recomendado (suelen ser horas más que minutos) limpie la pasta para sacar la pintura vieja.

Es esencial neutralizar la madera limpiada antes de volver a decorar. Se debería mencionar el producto y el método recomendado para esta tarea en las instrucciones que acompañan al removedor.

Luego necesita enjuagar (no deje el mueble demasiado húmedo) y permita que se seque. Es el momento de hacer cualquier reparación y de rellenar las hendiduras. Lije todas las superficies hasta que queden suaves y lisas ante de volver a pintar o decorar.

RESTAURANDO

Por supuesto se pueden restaurar muebles viejos, o dar nueva vida a algunos de los que ya tiene. Existen algunas atractivas posibilidades de diseño que incluyen diversos tratamientos para "engañar el ojo" como el marmolado. Algunos guardarropas y aparadores con paneles pueden adquirir un aspecto sorprendentemente bueno reemplazando los paneles ciegos por cristales. Estos pueden ser transparentes, arenados, decorativos o manchados. A veces no se quiere que los contenidos de los muebles con frente de cristal estén a la vista, en cuyo caso se pueden colocar cortinas de tela internamente, para dar privacidad al contenido y combinarlo con el diseño del cuarto. En algunos lugares se pueden sustituir los cristales por mallas tejidas o tejido de alambre.

Cuando restaure muebles viejos, no olvide la parte interior. Por ejemplo, muchas cómodas tienen en sus cajones una terminación bastante tosca y los interiores de los armarios pueden tener un aspecto manchado y gastado. Se puede pintar el interior de algunos muebles con pintura mate o brillante, pero hay otras formas de revestirlos. Use una tela o un paño verde (el revestimiento tradicional para cajones de cubiertos) pero no los pegue con cola, pues como están adheridos con chinches se pueden quitar para su limpieza. Un papel de empapelar paredes proporciona un revestimiento fácil de cambiar. Un papel plateado o dorado puede tener un aspecto atractivo en los cajones con colores brillantes.

PINTANDO Y TIÑENDO

Una vez que los armarios, los aparadores, los cajones y otros muebles estén bien reparados se puede decorarlos y adornarlos en diferentes formas (ver ilustraciones en páginas 50-55) Pintar es una forma rápida de crear un nuevo aspecto e introducir estilo y colorido. También puede contribuir a integrar con éxito otro mueble en un cuarto o a una hilera de espacios de almacenamiento, para que se coordinen con los muebles existentes, y por más desparejos que sean parezcan todos iguales.

Arriba: *Mediante plantillas rojas y doradas puede transformar una simple cómoda de pino liso en forma simple y barata.*

Puede usar un color plano o liso, o hacer algunas cosas excitantes con paneles pintados, diseños o fotos de diferentes colores; o bien emplear cualquiera de las técnicas populares de pintar como marmolados, punteados, graneados, raspados o trapeados. Otra idea es decorar el mueble con dibujos recortados, o hacer sus propios dibujos para repetir un diseño especial o crear un aspecto determinado. En su mayor parte estas técnicas requieren una superficie pintada de antemano suave y seca, si bien se pueden usar moldes de dibujos sobre maderas lisas o pintadas. Se pueden lograr resultados muy atractivos usando un color de contraste en una máscara en lugar de pintar el motivo del dibujo.

DISEÑE

La forma más fácil de manejarse con un mueble a decorar consiste en llevarlo al exterior, a un garaje bien ventilado o a un techado. Póngalo parado o acuéstelo sobre un caballete para poder alcanzarlo con facilidad y caminar a su alrededor. Saque los cajones y numérelos (con lápiz o tiza para recordar su orden al reponerlos) y si fuera una tarea sencilla saque las puertas y las bisagras. Pintar una puerta acostada y cajones separados es mucho más fácil y rápido, y se evitan también las combas y las corridas en la terminación.

PINTE

Use siempre el tipo adecuado de pintura para trabajo en madera (por lo general pinturas al aceite o una terminación lustrosa o semilustrosa con base de solvente, aunque ahora existen pinturas brillantes al agua). Si la madera es áspera o porosa, o si se usó un removedor químico aplique antes una mano de impresión adecuada para madera. Trate cualquier nudo con un sellador de marcas conocidas para impedir que exhume resina, que puede abrirse camino a través de la pintura y dañarla. Se suele aplicar primero una o dos manos de un se-

llador lijando con lija suave entre las distintas manos y luego se da la mano final. Pero cuanto más manos y lijado haya, tanto mejor será la terminación.

TIÑA

Hay muchos tipos distintos de tinturas, en su mayor parte en variados tonos de madera, para usos en interiores y exteriores. Se suele usar este último tipo para troncos de madera, y puede no ser adecuado para muebles. Nunca use creosota coloreada para maderas de interiores pues exhala vapores tóxicos. Algunas tinturas requieren un sellador sobre la madera desnuda. Otras actúan como su propio sellador, pero necesitan varias manos; otras se oscurecen considerablemente cuanto más manos se aplican; algunas producen una terminación brillante que se acentúa al aplicar nuevas manos.

Otras tinturas son mates y se hunden en la madera como la tinta en un papel secante. Requieren una mano de terminación de poliuretano u otro barniz para sellarlas. Puede ser un sellador mate, uno brillante o muy brillante; de usted depende la elección, pero a veces una terminación muy brillante sobre un mueble teñido puede presentar un aspecto engomado.

Algunas tinturas vienen en colores excitantes, desde colores primarios brillantes hasta matices suaves y sutiles. Como son transparentes el grano de la madera siempre es visible, lo cual forma parte del encanto de los muebles teñidos.

Los colores se pueden seleccionar en una pequeña carta de colores, o incluso desde el rótulo

de cada envase. Es esencial probar el efecto final ante de aplicar la tintura a todo un mueble. Muchas de las terminaciones con un aspecto de madera a la vista pueden tener un aspecto demasiado oscuro no deseado – el roble oscuro puede ser casi negro – y el color originario de la madera influye también en el resultado.

Algunas empresas proveen muestras para que el usuario las pruebe sobre una parte no visible del mueble a teñir (pero tenga cuidado pues puede ser otra madera distinta). Si no se dispone de una muestra, compre la menor cantidad posible de tintura y haga una prueba antes de comprar una cantidad mayor.

Siga las instrucciones del fabricante al aplicar la tintura: ésta puede ser aplicada con pincel, con rodillo o con un trapo arrugado. A diferencia de la pintura, las tinturas no suelen venir en latas con aerosoles, de manera que no se pueden pulverizar. Asegure que la cobertura sea pareja, luego deje que la tintura se seque durante el plazo recomendado antes de aplicar las manos subsiguientes o el sellador propuesto.

Para un aspecto más suave se puede usar una técnica de "teñir y limpiar". Aplique la tintura con un pincel, deje pasar algunos segundos y luego limpie con un trapo suave. Esta técnica es muy eficaz en maderas de grandes vetas y se pueden usar varios colores para obtener un aspecto envejecido; o bien aplicar un tono pálido sobre otro oscuro para dar al mueble un aspecto fresco. También se puede usar una tintura coloreada para dar una aspecto diferente a los bordes y ángulos de muebles de mayor tamaño.

DECORANDO UNA CÓMODA DE MADERA SIN ACABADO

▲ **1** Se puede pintar la madera maciza en muebles viejos o nuevos; pero tenga cuidado con las partes enchapadas, pues la chapa de madera puede despegarse cuando se pinta reiteradamente y no se puede limpiar y volver a pintar usando removedores cáusticos.

▲ **3** Recorte una plantilla en forma de estrella y ubíquela en la posición tomando como referencia el orificio para fijar las manijas de los cajones. Dibuje el perfil de la estrella alrededor

de la plantilla con lápiz blanco o tiza.

▲ **4** Pinte las estrellas y las manijas en colores contrastantes (aquí se usó el color dorado). Reponga las manijas.

▲ **2** Saque los herrajes (manijas, cerraduras, y picaportes). Limpie la pieza para eliminar cualquier suciedad o grasa. Si fuera necesario lave con agua jabonosa y use lija fina seca y húmeda. Deje secar completamente. Limpie con un paño sin pelusa humedecido con alcohol. Pinte con base si es necesario y dé la primera mano de pintura. Pinte la pieza en el color deseado usando una terminación brillante. Pinte la estructura del mueble primero, pues es más fácil pintar los cajones y las puertas retirando los cajones y sacando las puertas de sus bisagras. Se puede usar un pincel o un pequeño rodillo para aplicar la pintura.

▲ **5** Si fuera necesario se puede dar a la cómoda dos manos de barniz claro para sellar y proteger la pintura.

RESTAURANDO PUERTAS DE ALACENAS

Izquierda: *Una envejecida cocina puede transformarse en forma rápida y barata colocando laminados autoadhesivos decorativos que vienen empaquetados. Cada paquete contiene material suficiente para forrar dos frentes de puertas y cajones o un único mueble grande.*

▲ **1** Retire las puertas de la alacena, sáqueles las bisagras y colóquelas en una superficie lisa y firme. Despegue 25 mm de papel autoadhesivo y ubique el borde superior de manera que apoye contra la moldura de la puerta (o deje que sobresalga ligeramente si la puerta no tiene molduras) y deje que los bordes del papel sobresalgan algo por todos los lados de la puerta. Retire el protector del papel autoadhesivo con una mano mientras alisa con paño suave la parte que se pega con la otra mano, empujando desde el centro hacia afuera. Si aparece cual-

quier burbuja, levante el papel hasta la burbuja y vuelva a alisar, continuando la operación hasta el borde inferior de la puerta.

▲ **2** Manteniendo la hoja de un cortante paralela al borde de las puertas, recorte el excedente tomando como guía el borde. Si quiere doblar el papel para cubrir los cantos retire el excedente en las esquinas para que no haya superposiciones.

▲ **3** Con una hoja de papel de lija envuelto alrededor de un trozo de corcho y mantenido a un ángulo de 45º sobre cada filo, suavice los bordes afilados dejados por el cortante. Advertencia: tenga cuidado cuando lija, pues este papel abrasivo raya las superficies adyacentes.

VOLVIENDO A COLOCAR LAS PUERTAS DE LAS ALACENAS

▲ **2** Para montar las bisagras sobre las nuevas puertas debe marcar cuidadosamente el lugar del hueco en que éstas se alojan. Con este fin tome la puerta vieja como referencia, marcando las distancias desde el borde superior primero. Repita esta operación con los bordes laterales para marcar la distancia desde los costados.

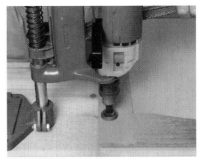

▲ **3** Marque el punto central de cada hueco y haga una marca con un punzón o un clavo puntiagudo. Afirme la puerta en una superficie de trabajo y usando antiparras de seguridad recorte el hueco a la misma profundidad que tenía el de la vieja puerta con una fresa unida a un taladro eléctrico (usando en lo posible una perforadora fija).

▲ **1** Muchas bisagras de aparadores de cocina están montadas sobre una base que se atornilla al mueble. Para sacar la puerta se aflojan los tornillos de las bisagras, para que se deslicen fuera de su anclaje. Sólo se emplea un segundo tornillo con fines de ajuste. Después de sacar la puerta saque también los tornillos que sostienen la bisagra en cada puerta y retire la bisagra.

◀ **4** Coloque los sostenes de la bisagra en su hueco, cuidando que el brazo de la bisagra quede en ángulo recto con el borde de la puerta. Marque los lugares donde se colocarán los tornillos de fijación con un punzón y atornille las bisagras. Vuelva a colocar la puerta en la alacena y apriete los tornillos de fijación. Ubique en posición la puerta con los tornillos de ajuste y controle que la puerta se asiente en ángulo recto con respecto al frente de la alacena.

VOLVIENDO A COLOCAR LOS FRENTES DE CAJONES

▲ **3** Usando los tornillos para posicionar, mantenga el nuevo falso frente contra el cajón y atorníllelo.

▲ **1** Destornille el frente falso de los cajones desde su interior.

▲ **2** Coloque este frente falso sobre el que lo reemplazará, cuidando que sus bordes coincidan, y perfore orificios piloto donde estaban los orificios existentes. Use un tope de profundidad de la mecha (o una cinta aisladora envuelta en la mecha) para asegurar que no perfore el nuevo frente.

4 Si no quiere dañar el frente viejo, quítelo y ubique el nuevo frente sobre el cajón. Haga una marca a través de los viejos orificios de fijación, quite el frente nuevo del cajón, perfore agujeros piloto y vuelva a fijar con tornillos.

PANELES DE PUERTA CON TEJIDO DE ALAMBRE PARA GALLINEROS

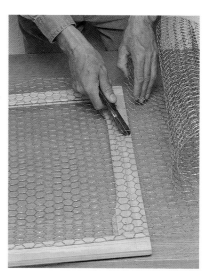

▲ **1** El panel de madera a sustituir por tejido de alambre no debería esta encolado. Para sacarlo de su lugar perfore unos orificios iniciales que permitan introducir la sierra de una caladora de mano, con la cual se deben hacer dos cortes a lo largo de la longitud del panel y otro perpendicular por la parte media. Levante el borde de una tira central y con un poco de esfuerzo sepárela del borde en que se encastra en el marco y luego repita esta operación en la otra mitad. Quite las partes medias del panel que quedan de la misma manera. Para remover las piezas que quedan en las esquinas haga un agujero apto para meter la punta de un viejo destornillador. Coloque la puerta verticalmente sobre uno de los cantos, inserte el destornillador en el orificio y golpéelo fuerte con un martillo. Si no tiene éxito en desmontar el panel de esta manera, puede recortarlo con una sierra todo a lo largo del marco y suavizar este canto con una lija fina.

▲ **2** Usando una regla marque en el dorso del marco de la puerta las líneas externas del tejido de alambre. Alinee uno de los bordes terminados del tejido con una de las líneas de guía y ajuste el alambre tejido para que llegue hasta las otras líneas, dejando, si es posible, una trama cerrada en cada borde. Si la malla del tejido no coincide con los bordes marcados, estírelo por las diagonales para corregirlo. Sujete transitoriamente el tejido al marco.

▲ **3** Corte el alambrado sobrante con un alicate dejando de lado la parte cortada a medida que avanza para impedir que el marco se raye. Es aconsejable usar un alicate con resorte separador que lo mantenga abierto entre un corte y otro.

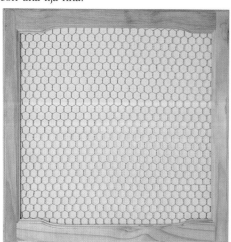

Arriba: *Los paneles de tejido de alambre para gallineros dan un toque campestre en la cocina y muestran el contenido de la alacena, proporcionando simultáneamente protección.*

▲ **4** Fije los bordes del tejido de alambre colocando una tabla de 15 mm de ancho, con sus extremos cortados a inglete sobre uno de los lados de marco, sosteniendo la trama de alambre con clavitos en los lugares adecuado que unan las tablas al marco y oculten los bordes del tejido. Previamente golpee los bordes donde se retuerce el alambre. Un poco de cola en los cortes de los extremos de las tabla puede servir como un refuerzo adicional.

PANELES DE PUERTA DE HOJALATA REPUJADA

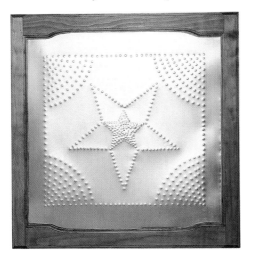

Arriba: *Los paneles de hojalata repujada evocan el estilo del arte popular norteamericano. Se pueden fijar simplemente en puertas de alacena comunes de la parte superior.*

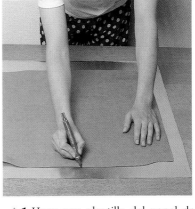

▲ **1** Haga una plantilla del panel de la puerta colocando sobre el mismo una hoja de papel madera y presiónelo dentro del canto del marco alrededor de todo el panel. Córtelo siguiendo la forma interior del panel y colocándolo sobre la hoja de lata, marque todo su perímetro con un marcador.

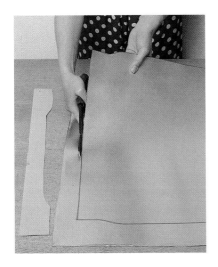

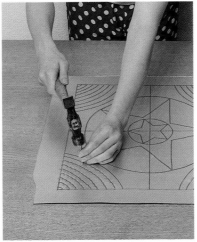

▲ **2** Corte la chapa de hojalata con un alicate siguiendo la forma del panel y verifique que se adapta a la puerta. Ajuste en la medida necesaria hasta que la hoja no se arquee. Alise cualquier ondulación en los cantos golpeando los bordes con un martillo sobre una superficie dura.

▲ **3** Marque el área a puntear dibujando líneas centrales en ambas direcciones para asegurar la simetría del dibujo. Planifique el esquema a dibujar sobre una plantilla de papel y luego transfiéralo a la chapa. Para marcar los puntos, golpee a intervalos regulares y con el mismo número de golpes de martillo, para lograr una profundidad uniforme. Cuando llegue a una esquina del diseño, marque un punto y trabaje a partir de allí en ambas direcciones.

▲ **4** Para unir la chapa al panel de la puerta recubra ambos elementos con un adhesivo de contacto y deje que se seque tal como lo especifica el fabricante. Asegure una buena ventilación. Coloque cuidadosamente un borde de la chapa sobre el panel (el pegado es casi instantáneo) y apoye el borde opuesto sobre recortes de madera. Trabajando el borde pegado desde el centro hacia fuera (para evitar que queden burbujas de aire entre ambos), presione la chapa sobre el panel con un trapo blando y finalmente quite los recortes y presione hacia abajo el borde final.

ENCONTRANDO LUGARES PARA GUARDAR

Cuando mida y planifique dónde colocar alacenas, estantes, y otros muebles intente aprovechar al máximo cualquier "espacio natural" existente para que el almacenaje resulte bastante poco visible y no se proyecte demasiado en el cuarto.

Los armarios y las estanterías para almacenamiento pueden ser colocados en un hueco y es posible colocar asientos de ventana o estantes bajos en miradores y boardillas. Se pueden llenar algunos rincones perdidos entre una ventana y una pared con estantes o delgadas alacenas, pero se deben preparar cortinas para que dejen a la vista el almacenamiento. A menudo los espacios triangulares bajo las escaleras o techos inclinados pueden ser un buen lugar para un espacio de guardar, un pupitre, una cómoda o una mesa de tocador con estantes arriba.

Desde luego en algunos casos usted puede crear una pared completa para almacenamiento, proporcionando un lugar de atención muy útil en un living. Un área cuadrada parecida a una caja puede adquirir un aspecto mucho más interesante con estantes y muebles de pared a pared, con un espacio en el centro para una estufa eléctrica o de gas o un lugar para colocar el televisor.

En un dormitorio se puede crear un nicho para que la cabecera de la cama, posiblemente las mesas de luz, queden vinculadas por un armario superior. Si existe una única cama, su costado puede ser colocado paralelo a la pared con armarios colgados sobre la cabecera y los pies de la cama, vinculados con los armarios superiores, fijando cortinas para cerrar de noche el ámbito del lecho y creando una graciosa "cama en un armario", muy popular entre niños y adolescentes. Se puede utilizar este mismo esquema en un baño de dimensiones superiores a las comunes, colocando armarios a cada lado de la bañadera y alacenas en su parte superior, lo cual forma un nicho atractivo.

Izquierda: *En este living de estilo campestre se crea el máximo de almacenamiento. Los muebles y los estantes están incorporados a los nichos de la chimenea y se han construido los asientos de la ventana con pequeños armarios, bajo una ventana saliente.*

APROVECHANDO AL MÁXIMO EL "ESPACIO NATURAL"

En esta sección usted encontrará muchas ideas para aprovechar al máximo el espacio disponible, agregando cajoneras para guardar cosas bajo las camas y otros muebles; fijando estantes y rieles dentro de armarios, en las esquinas "muertas" y detrás de las puertas. ¡Pero no olvide el espacio bajo su cabeza! En los cuartos altos pueden instalarse estanterías o montar armarios arriba de los vacíos de las escaleras (asegúrese que sean suficientemente altas y que se fijen con firmeza para prevenir accidentes). En un dormitorio o en un baño, a veces se pueden fijar armarios delgados sobre la cama o la bañadera, atornillados firmemente al cielorraso, usándolas para suspender cortinas con el fin de simular un ámbito forrado por los cuatro lados.

A menudo el lugar más razonable para instalar un espacio de almacenamiento y una estantería está en un nicho natural o en un hueco. Muchas casas en el living o en los dormitorios tienen un antepecho de chimenea que se proyecta, con nichos a cada uno de sus lados, que se pueden usar para sostener estantes o fijar cajoneras y canastos de alambre.

Estos nichos se pueden convertir en guardarropas agregando puertas, cortinas o persianas: una forma no costosa de convertir el espacio disponible en un almacenamiento operable.

Los nichos son un buen lugar para instalar guardarropas, pero tendrá que hacer mediciones cuidadosas pues a menudo no tienen lugar suficiente para colgar ropa de costado. A veces tiene sentido adelantar los armarios en el cuarto para evitar este inconveniente. Y si no se usa la chimenea se podría vincularlos a través del antepecho de la chimenea con estantes angostos. La alternativa podría consistir en lograr espacio para colgar ropa de frente en vez de hacerlo de costado, creando un ropero estilizado.

A veces se presenta un problema con la ventana si la pared de los nichos de la chimenea está en ángulo recto con la pared de ventana. Un armario podría entrar en uno de los nichos pero el otro podría impedir que entre una parte de la luz de la ventana y se asome por la ventana haciéndose visible desde afuera. Existen varias soluciones. Se puede fabricar

ALMACENAMIENTO BAJO LAS ESCALERAS

un bisel en el armario para que se encuentre en ángulo con la ventana, o comprar un mueble bajo del ancho de la ventana que se extienda hasta la altura del umbral de la ventana. Agregue estantes angostos o un armario más delgado por encima. Examine la posibilidad de construir un asiento de ventana bajo ésta, poner un armario en el otro lado de la ventana y fijar una puerta estable en el nicho para que el acceso sea más fácil. Sobre este tema hay numerosas permutaciones que no sólo proveen un espacio muy necesario sino que le agregan personalidad.

Arriba: *A menudo hay mucho espacio bajo las escaleras que no se usa de una manera eficaz. Los estantes ajustables sirven para guardar libros, grabaciones, etc. o para utensilios de limpieza y herramientas. Para ocultar objetos se puede colocar un panel con una puerta.*

BAJO ESCALERAS Y ALEROS

El espacio triangular bajo una escalera en muchas casas se encuentra desorganizado y lleno de desperdicios. A menudo puede cerrarse ubicando un armario. Si quiere mantenerlo como un espacio cerrado, hay muchas formas prácticas de usar esta área. Si el espacio es suficientemente grande como para convertirlo en un armario al cual se pueda acceder, se pueden instalar estantes montados en los tres costados de la pared y por debajo de las escaleras. A menudo resulta práctico colocar un amplio estante a un metro del piso, con canastos de alambre que se pueden sacar o cajones plásticos apilables por debajo y estantes más angostos por encima; esto es aún más práctico si son ajustables. Es una buena idea almacenar objetos de poco uso en la parte trasera y en los estantes superiores.

Ganchos especiales pueden ser fijados a las paredes para sostener distintos objetos; puede atornillar ganchos en los bordes o debajo de los estantes; guardar objetos pequeños en frascos cuyas tapas se fijan a la parte de debajo de los estantes; en la parte interior de las puertas colocar bolsillos de tela o plástico; también colocar algunos estantes angostos y un soporte especial para ubicar la plancha, la tabla y el manguero de planchar. Recuerde colocar una iluminación dentro de estos ámbitos para no restarle practicidad.

Si necesita espacio para guardar objetos de gran tamaño, como bolsas para palos de golf y otros tipos de equipos deportivos, herramientas, la aspiradora con sus mangueras o un cochecito para bebés, deje libre el espacio necesario. Tome las medidas de estos objetos antes de acomodarlos. Es útil usar rejillas verticales para acomodar raquetas y palos de golf. De ganchos se pueden colgar las escobas, los lampazos, las mangueras y los tubos de la aspiradora, como también herramientas de jardín, tanto en exteriores como en el sótano o debajo de las escaleras.

A menudo es imposible llegar a la base triangular muy estrecha que se encuentra en el ángulo inferior detrás de una escalera, pero este lugar puede aprovecharse colocando una alacena con una puerta, ubicando en su interior canastos o cajones apilables o con juguetes montados sobre rueditas. También se pueden dejar abiertos y colocar una colmena de cilindros de cartón o de tubos de plástico para poner botellas, zapatos o botas.

¡ABRA!

El espacio debajo de las escaleras puede proporcionar un práctico cuarto adicional con su propio espacio de almacenamiento cuando falta lugar en la casa. Podría resultar ideal también para colocar una ducha bajo la escalera, ubicada en el punto más alto de un hueco de escalera suficientemente grande. Una propuesta práctica en una casa de tres pisos, es colocar una ducha en la planta baja.

Ésta se puede instalar con facilidad gracias a los nuevos calentadores de agua con una bomba que impulsa el agua hasta la ducha, lo que evita colocar por encima un tanque de agua. Se puede instalar en el resto del espacio triangular una mesa de tocador con lavabo, usarla para guardar ropa blanca (escaleras arriba) o como un lugar para guardar elementos de hobbies, juguetes y juegos (escaleras abajo).

Arriba: La zona bajo las escaleras es suficientemente grande y abierta para ubicar una estantería escalonada. La corta longitud de los estantes sostiene con facilidad el peso de los libros y si fuera necesario, los módulos de esta biblioteca se pueden ubicar en otros lugares.

El lugar bajo las escaleras puede servir para ubicar una pequeña oficina hogareña: colocando dos cajoneras o archiveros con un pequeño escritorio por encima. Con estantes montados en la pared puede guardar archivos y papeles, guías telefónicas, aparatos telefónicos o de fax. En algunas casas puede ser un lugar que permita a un niño hacer los deberes escolares, mientras los adultos preparan la comida de la noche en la cocina adyacente.

En algunas casas las escaleras forman parte del living y ascienden a través del cuarto principal al primer piso. En este caso en el espacio bajo la escalera puede ubicarse una mesa plegadiza, flanqueada por dos sillas, o colgar de la pared algunos elementos combinados con la ubicación de una mesa rodante. O bien se puede instalar una unidad destinada a almacenar botellas, cristales y elementos necesarios para el comedor. La parte superior puede usarse para servir bebidas o alimentos. Con el fin de sostener botellas puede usarse una colmena triangular.

Arriba: El espacio bajo los aleros está usado ventajosamente con estantes y un guardarropa de medida. A la derecha del guardarropa hay una estrecha estantería ideal para objetos personales. La persiana plegadiza es perfecta para proteger el contenido del guardarropa, y no ocupa espacio adicional cuando se abre.

USANDO NICHOS

Si emplea un nicho para almacenamiento tendrá que sacar de la vista el desorden. Una forma de hacerlo es usar una cortina enrollada o una persiana veneciana (ver páginas 66-67), fijada a un barral o listón de madera ubicado en la parte superior del nicho. Esta solución sólo es válida en un nicho bastante estrecho, pues un barral sólo opera en forma eficiente si la distancia entre sus extremos no es demasiado grande y no se fuerza demasiado su uso. Los fabricantes dan los anchos máximos recomendados en sus instrucciones.

Se pueden usar otros tipos de persianas. Los postigos hechos de madera o plástico pueden dar un aspecto colonial a un cuarto; las persianas de mimbre o de caña, plisadas, plegadas, o las persianas romanas funcionan bien si se elige con cuidado el material. Deben ser fuertes y a prueba de polvo: elija una tela de algodón, o lino mezclada con otras fibras o seda para obtener los mejores resultados. Las puertas plegadizas de madera o film plástico se pliegan ocupando muy poco espacio y permiten un pleno acceso al hueco. Se las puede fijar al cielorraso o colgarlas de una guía a través del nicho.

En algunos casos estas puertas de persiana pueden parecer un poco burdas, en cuyo caso encare el uso de cortinas que pueden confeccionarse con la misma tela que las cortinas de las ventanas y alineándolas para que cuelguen bien. En un nicho angosto bastará una cortina, que se hace a un lado para entrar. Cuando a cada lado de una chimenea existe un nicho se debe abrir una cortina hacia la derecha y otra a la izquierda por razones de simetría. Un barral puede fijarse al cielorraso o colgarse de otro parante.

En un hueco más amplio podría ser necesario usar dos cortinas divididas al centro. En este caso se puede fijar firmemente el barral y sostener las cortinas plegándolas sobre sí mismas para que soporten correctamente su propio peso. En forma alternativa se puede instalar una fijación adicional en el centro montada sobre un barral más robusto.

Para ciertos cuartos es más adecuado usar una tela muy fuerte. Pueden usarse telas para velas de barcos compradas en locales especializados en productos náuticos o lonas para toldos compradas en locales de ese rubro. Se pueden recortar estas telas para crear un modelo geométrico audaz, o pintarlas con pintura para telas, y se pueden fijar a un rodillo o colgarlas de un barral de cortina con presillas o tirillas. Una tablilla en su parte inferior las mantendrá tensas.

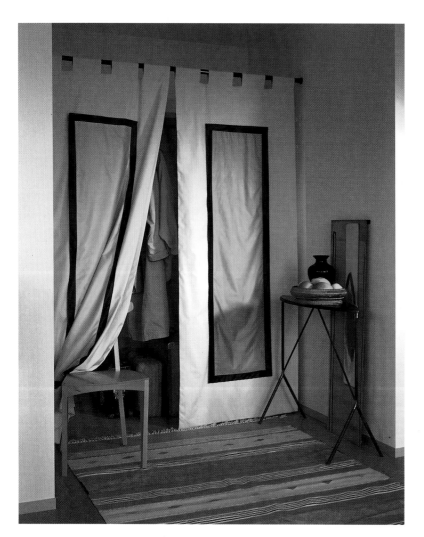

Arriba: *Una lona pesada con audaces dibujos geométricos cierra una alcoba; los paneles de tela son a la vez prácticos y de diseño atractivo.*

Arriba: *Una esquina que de otra manera no tendría uso se convierte en una estantería estilizada.*

FIJANDO PUERTAS PARA UN NICHO

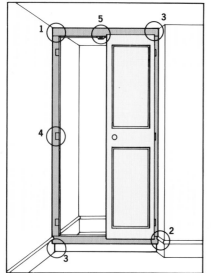

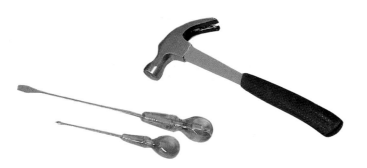

Izquierda: Un nicho, al lado de un hueco de chimenea o en un rincón de difícil acceso puede convertirse en un armario instalando puertas. Si el nicho tiene una profundidad suficiente para colgar abrigos, instale un barral para colgarlos. Se puede usar un pequeño espacio para estanterías o para guardar utensilios de limpieza suspendidos de ganchos.

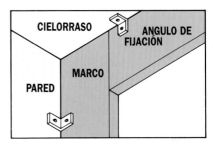

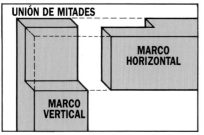

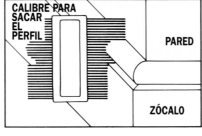

▲ **1** Con el fin de fijar una puerta para un nicho destinado a convertirse en un armario haga un marco utilizando madera de 25 x 75 mm. Una los encuentros de ambas maderas (ver página 66).

▲ **2** Sostenga el marco en posición y recorte la parte inferior de manera que siga el contorno de las paredes y zócalos con el fin de obtener un ajuste preciso. Use un calibre para sacar el perfil para copiar la forma de las tablas del zócalo en el borde inferior del marco y recórtelo siguiendo esta forma.

▲ **3** Coloque el marco en su posición mediante ángulos de fijación en los lugares de encuentro de éste con el piso y el cielorraso.

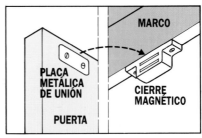

▲ **4** La forma más fácil de ajustar las puertas al marco consiste en usar bisagras de chapa. Una de sus alas se ajusta al marco y la otra a la puerta; de esta manera no se necesita calar la madera.

▲ **5** Coloque un cierre magnético atornillando la parte principal al marco. Coloque la placa metálica de unión con el cierre sobre el cierre magnético y cierre la puerta firmemente para marcar la posición de la placa metálica y atornille en esa posición la placa a la puerta.

HACIENDO UNIONES DE MADERA

▲ **1** Marque una línea a través de ambas maderas tomada desde el extremo a la misma distancia que el ancho de la madera a unir. Prolongue la línea por los cantos de cada tabla y marque el punto medio del espesor.

▲ **2** Con un calibre para marcar marque la mitad del espesor de cada madera rodeando todos los bordes, partiendo de la marca hecha en el borde. Cuando termine de circundar la madera, las marcas deben coincidir. De esa manera tendrá definido el espacio a eliminar mediante un serrucho en ambas tablas.

▲ **3** Corte con el serrucho a partir del frente de la madera hasta la línea que define el espesor. Luego coloque la madera en forma vertical y serruche desde el extremo hasta este corte. Si el trabajo está bien hecho ambas piezas deben ajustarse perfectamente en ángulo recto. Fije ambas piezas con cola blanca y sujételas mediante una morsa en su posición, verificando el ángulo recto con una escuadra. Espere que la cola se seque completamente.

RIEL DE CORTINA PARA EL NICHO

Izquierda: *Se puede instalar en un nicho de un dormitorio un estante y un riel para colgar ropa proporcionando un espacio adicional para vestimenta. Una persiana colgada del barral del estante oculta los elementos allí guardados. Para las instrucciones sobre cómo poner estanterías en un nicho ver páginas 38-39.*

◄ **1** Se pueden montar las placas terminales sobre bloques de madera unidos a una pared de mampostería, evitando así tener que perforar orificios muy próximos para fijar el barral a la pared. Para fijar la madera basta usar un tornillo Nº 10 de 50 mm colocando estas maderas en la mitad de la profundidad del nicho, menos el espesor de cualquier puerta. En los nichos poco profundos la ropa puede ser colgada en ángulo con el riel. Marque los orificios de fijación de las placas terminales en la madera.

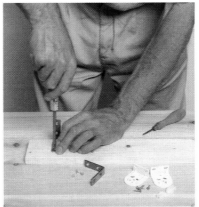

▲ **2** Envuelva cinta de pintor alrededor del riel como una guía y corte el barral con una sierra para metales, de manera que quede una luz no mayor a dos milímetros entre ambos bloques de madera. Elimine el borde áspero del barral con una lima de media caña. Coloque ambas placas de fijación en el riel con las caras planas hacia fuera, fije primero una placa a la madera y luego la otra. Si los barrales fueran demasiado largos se necesita un soporte intermedio atornillado a la parte inferior del estante mediante un eje espaciador que recorra la distancia entre éste y el barral.

▲ **3** Para ajustar la cortina de enrollar de tela, atornille ángulos metálicos a la cornisa del estante a unos 60 mm del extremo.

▲ **4** Atornille los ángulos de soporte de la cortina de enrollar en su lugar. Este tipo de cortina tiene guías plásticas que llegan hasta los soportes de los extremos, uno para el extremo de control y otro para la clavija.

▲ **5** Ubique la cornisa contra el estante y atornille los ángulos de soporte a la parte inferior del estante. Finalmente cuelgue la persiana.

CAVE UNA ABERTURA

Algunas cocinas también tienen nichos de chimenea, donde se suelen poner los utensilios de cocina, a menos que use estas aberturas para una versión moderna de una cocina eléctrica o a gas. Es ideal para construir estantes exhibidores y de almacenamiento cerca de la boca de la chimenea en primer lugar y asegurando que esa boca está cerrada en su parte superior. Decore el fondo del nicho para que contraste con el resto del empapelado y se convierta en un punto de atracción. Ilumine la boca de la chimenea con luces ocultas o visibles bajo un barral o un camuflaje o intensifique la luminosidad con spots. Si lo prefiere puede cerrarla con puertas para convertirla en una alacena (ver página 65). Se puede lograr un efecto atractivo si se reviste la parte posterior del nicho y se colocan después estantes y puertas de cristal para que el revestimiento esté a la vista en forma permanente.

Derecha: Para el almacenamiento se pueden utilizar nochos de cualquier dimensión. Un área muy angosta en este living está equipada con una estantería para adornos.

Una idea similar puede funcionar bien en un cuarto de estar o un comedor, especialmente si se han unido dos habitaciones en una sola y una chimenea ahora está de más. La boca de la chimenea sin uso puede utilizarse para colocar el televisor, el equipo de música o exhibir una colección especial.

Agregándole puertas se puede usar para guardar botellas y cristalería; grabaciones; elementos para la mesa del comedor; o archivos y papeles. Se puede emplear la misma solución en la chimenea de un dormitorio o de un cuarto de juegos. La abertura puede servir como una casa de muñecas, un castillo o un garaje de juguete, si se pintan las puertas con una fachada adecuada.

CONFORMANDO ESPACIOS

Las interesantes formas triangulares creadas por los movimientos del techo, debajo de los aleros o el espacio debajo de las escaleras pueden representar un desafío inusitado, pero a menudo es un área que proporciona espacio muy necesario.

En un dormitorio o un baño bajo un alero se puede construir un nicho para un baúl, una mesa de tocador o un lavatorio. Agregue espejos o estantes por arriba para poner cosméticos, y el resultado es

una pulcra esquina de maquillaje. En una pieza de estudio o un dormitorio de adolescente se puede usar este tipo de espacios para escritorio, y para colocar una computadora y un televisor, con estantes arriba.

El área bajo las escaleras puede ser también ideal para un pequeño rincón de estudio con un escritorio, o dos muebles unidos por un plano de trabajo. Agregue por encima estantes ajustables que encajen pulcramente en la forma triangular y una silla giratorio o plegable y tendrá un lugar para hacer las cuentas y persuadir a los niños para que hagan sus deberes cuando usted está cerca.

Es también un buen lugar para almacenar vinos (muchos panales para botellas vienen en forma triangular); se puede armar una esquina para bebidas, con aparadores bajos para poner cristalería, botellas, etc.; o para colocar una práctica mesa de servicio que puede ser de mármol, laminado plástico, de resinas o revestido. Construya arriba panales para vino o estantes y aparadores estrechos que proveen más espacio para guardar cristalería.

Este espacio sirve también para guardar objetos de la mesa del comedor y es práctico si se encuentra entre la cocina y el comedor.

Arriba: Se usó el vano de una puerta clausurada para guardar libros. Se dio continuidad manteniendo los marcos y contramarcos en el living y se llenó con estantes el nicho resultante.

Arriba: Se pueden usar ventajosamente aun los espacios de difícil acceso. La estantería colocada en el nicho lateral de una chimenea deja un espacio para el cielorraso en pendiente.

ALMACENAMIENTO ESENCIAL

El ubicuo televisor y la video-casetera han reemplazado en muchos hogares a la chimenea como centro de actividad, a cuyo alrededor se reúne la familia en las tardes y noches de invierno. El televisor y la video-casetera están lejos de ser los únicos equipos electrónicos. Es posible que se deban ubicar también en el área de estar una computadora con una impresora, un fax y un contestador telefónico.

Estos equipos, para no mencionar los estéreos y grabadores, no son los objetos más atractivos visualmente. Juntan polvo y están expuestos a daños y roturas, por lo cual es mejor que queden guardados fuera de la vista.

Cuando hay una pared en blanco el almacenamiento puede ocuparla toda, y éste puede ser diseñado para generar un punto de atracción y de interés adicional al cuarto. A veces el área alrededor de una ventana de bisagra es un lugar más práctico para esta forma de almacenamiento. En un dormitorio o en la cabecera de un lugar para dormir, esta opción puede ser práctica en la medida en que la pantalla del televisor pueda ser vista desde la cama.

Cualquiera que sea la solución que elija, se debe diseñar el espacio de almacenamiento para que combine con el estilo de la habitación. Es mejor elegir las estanterías de acuerdo con las paredes y no con el moblaje existente, porque eso permite una mayor flexibilidad en el crecimiento futuro. Si los muebles integrados a la casa no son prácticos por los continuos cambios que usted necesita, o bien si vive en una propiedad alquilada, puede comprar distintos sistemas de almacenaje sueltos con una gran variedad de terminaciones y maderas. Tenga en cuenta los contrastes de texturas, estilos y formas al hacer su elección, y trate de hacer una selección tan cuidadosa que su casa no termine pareciendo el show room de una mueblería. Tal vez usted prefiera combinar muebles que se adapten a su gusto y a su presupuesto.

SISTEMAS DE ENTRETENIMIENTOS

El televisor, los grabadores de alta fidelidad y de video pueden ser colocados dentro de armarios. Si fuera necesario se pueden incorporar estantes móviles, una puerta rebatible o una mesa giratoria para hacer visible el televisor desde el principal asiento del cuarto (o desde la cama).

También el almacenamiento de las grabaciones puede ser construido para sacarlo hacia afue-

Arriba: El televisor está oculto en un aparador ubicado en el nicho de un living y montado en un estante deslizable que puede moverse hacia fuera para mirarlo.

Izquierda: Estantes aislados son utilizados para colocar el sistema de video y el centro musical y también para guardar libros y grabaciones.

ra usando cajones o canastos de alambre como una parte del diseño.

Utilice divisiones o almacenadores para guardar grabaciones y objetos similares en forma pulcra y vertical, de manera que todos puedan sacarse sin que el resto se caiga.

En algunos interiores más modernos o de estilo hi-tech, una mesita rodante puede ser preferible para este tipo de almacenamiento o se pueden construir estantes de cristal, pero éstos requieren una limpieza más cuidadosa.

Arriba: El televisor y el centro musical se colocan arriba de un mueble bajo que contiene cajones para guardar todos los accesorios.

ALMACENAMIENTO DEBAJO DE LA CAMA

A menudo queda mucho espacio sin usar en una casa, tanto sobre sus cabezas como bajo sus pies, que se puede usar exitosamente para el almacenamiento. El espacio bajo las camas es generalmente desperdiciado. Muchos sofás-cama vienen con un cajón por debajo; otros parecen tener una base sólida pero en realidad están huecos y si sacamos el colchón y el elástico podemos acceder a este espacio en forma bastante parecida a la de abrir una otomana acolchada. Este lugar sólo es práctico para guardar cosas que se utilizan en forma muy esporádica, pues nadie quiere tener que levantar continuamente el colchón.

Si tiene que comprar una cama nueva preste atención a las ofertas posibles. Algunas tienen cajones todo a lo largo, otras solamente llegan hasta la mitad y las camas dobles a menudo tienen cuatro cajones por debajo. Mídalos con cuidado para asegurarse que sus tres dimensiones son suficientes para almacenar todo lo que quiere guardar allí. Por ejemplo, en un cajón pequeño no se puede guardar un acolchado doble o una valija de tamaño mediano.

Si usted planea un dormitorio adicional o para un niño, querrá tener una cama adicional para huéspedes o para que un amigo pase la noche, pero no quiere ocupar toda la habitación con dos camas. En este caso puede conseguir camas con una segunda cama que se desliza por debajo. Algunas tienen patas plegadizas o funcionan con un mecanismo especial para lograr la misma altura que la cama principal, mientras que otras quedan más cerca del piso.

Si tiene una cama sostenida por patas puede agregar cajones sobre rueditas o una cama pequeña que se desliza por debajo. El resultado puede no tener un aspecto bonito, pero esto se puede compensar con un dosel de tela (volante fruncido) que puede cortar y plegar usted mismo; también debajo de una cama se pueden guardar cajas de archivo de las que se usan en oficinas; canastos bajos o de mimbre para pequeños objetos como ovillos de lana o ropa para bebés; inclusive algunas veces las botellas pueden guardarse bajo una cama de poca altura.

Y el mismo procedimiento puede utilizarse para esconder valijas, material de embalar, alambres, cajas plegables de cartón o plástico, y todo tipo de elementos plegables de embalar.

En otros casos puede ser conveniente o necesario cerrar el espacio debajo de la cama con puertas, para proveer un almacenamiento más seguro y permanente. Debe tenerse en cuenta que esto dificultará el desplazamiento de la cama.

Algunas camas pueden ser suficientemente altas para guardar cajas tipo oficina, cestos de mimbre o cilíndricos para guardar pequeños y variados objetos.

Arriba: Los cajones deslizables forman parte integral de un diván doble y se pueden usar para guardar ropa de cama y mantelería, ropa de invierno o deportiva y elementos de hobbies. Los cajones se alcanzan con facilidad sin deshacer la cama.

Derecha: *Cajones de almacenamiento con distintos colores en un cuarto de niños pueden ser repintados cuando se quiere cambiar el aspecto del cuarto. Use los cajones para alentar la prolijidad, eligiendo un color distinto para objetos diferentes.*

Izquierda: *Agregue una cama adicional sin perder un precioso espacio en el piso. Agregue una segunda cama de una plaza bajo las cabeceras de pino, que se pueda sacar con facilidad para alojar a un huésped.*

ALMACENAMIENTO INSTANTÁNEO

Algunas de las formas de almacenamiento incorporadas y permanentes en este libro tal vez no sean siempre prácticas para quienes necesitan una mayor flexibilidad. El almacenamiento instantáneo puede ser una solución para quienes necesitan algo en lo cual guardar inmediatamente ropas, objetos valiosos, juguetes, alguna colección especial, papeles desordenados, joyería, echarpes, cinturones u otros accesorios.

Hay muchas posibilidades: cajas plásticas transparentes, bolsas para sweaters, ropa blanca y zapatos, que pueden colgarse detrás de las puertas de los armarios, o deslizarse bajo las camas; cajas plásticas con brillantes colores (algunas están diseñadas para guardarse plegadas cuando no se usan o deban transportarse) son suficientemente alegres como para quedar a la vista en un ambiente estilo hi-tech, en cuarto de niños o en cocinas modernas; y sorprendentes objetos "minimalistas" hechos de metal, alambre y cartulina, algunos de los cuales pueden comprarse por correo.

Pero por más vistoso y barato que sea un elemento de almacenamiento instantáneo, aun así necesita seguir los principios básicos de la planificación. En caso contrario, puede correr el riesgo de agregar más desorden a un cuarto. Pregúntese si los elementos previstos se adaptarán al espacio donde se propone ubicarlos. Si va a apilar cajones, canastos de alambre o gavetas de almacenamiento no olvide medir la altura, la profundidad y el ancho. Además, asegúrese de que los objetos queden guardados con comodidad: usted no quiere que la ropa se arrugue demasiado. Eso requiere medir, hacer algunas cuentas y llevar consigo la cinta métrica cuando sale de compras, o controlar dos veces las dimensiones en los catálogos para asegurar que los embalajes se adecuen a sus necesidades.

Izquierda: *El almacenamiento como parte integral del estilo del cuarto: el canasto permite guardar las almohadas y se combina con el moblaje de mimbre.*

Abajo: *Un robusto cajón de madera proporciona un almacenaje tradicional para ropa de cama y mantas.*

ALMACENAMIENTO A LA VISTA

En la mayor parte de los cuartos el almacenamiento instantáneo se convierte en una parte de la decoración, con lo cual una necesidad se transforma en un rasgo de la personalidad. Se pueden suspender los utensilios de cocina de ganchos, barrales o cadenas especiales, ubicándolos cerca del artefacto de cocina o de la superficie de la mesada; las legumbres, las pastas y las hierbas pueden guardarse en cajas decorativas transparentes y en el baño se pueden guardar a la vista jabones, sales de baño y otros artículos de tocador.

Los canastos de mimbre y de otros materiales en todas las formas y medidas pueden ser suficientemente decorativos para estar siempre a la vista en casi todos los cuartos: canastos de mimbre para cubiertos, forrados con telas de lino o a cuadros, pueden ponerse en una mesa, un tocador o una mesa de luz; también se puede utilizar un canasto para guardar velas en un comedor; la cesta para picnic, habitualmente en forma de valija puede servir para guardar mantelería, y cubiertos en la zona de comer.

Arriba: *Haga un cuarto de huéspedes que resulte más acogedor colocando en un canasto chato de mimbre un conjunto de elementos de tocador. El baúl proporciona una superficie que funciona como mesa de tocador y espacio de almacenamiento.*

Derecha: *El almacenamiento más simple: una hilera de ganchos para ropa destinados a hacer contraste o combinarse con el estilo del cuarto. Se pueden usar grandes tinajas en los halls para ubicar paraguas y bastones, y en los baños para guardar toallas.*

Arriba: *Delicados canastos de alambre agregan elementos decorativos a una cocina estilo campestre asegurando que los utensilios de cocina se encuentren al alcance de la mano. Un tradicional canasto para huevos guarda repasadores que le dan a la cocina un toque de color.*

Arriba: *Una robusta tabla de picar unida a una mesa rodante es utilizada para guardar elementos de cocina. La parte superior de madera puede usarse como superficie de trabajo en la cocina y la mesa rodante puede ser llevada al comedor o al patio para asados al aire libre.*

Derecha: *Cajas cilíndricas y ovaladas de distintos tamaños, forradas en colores primarios, pueden servir para guardar bijouterie, accesorios e incluso sombreros. Son objetos atractivos que decoran un ambiente.*

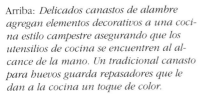

Izquierda: *Organice los gabinetes del dormitorio con una serie de propuestas de almacenamiento. Un conjunto de estantes apilables con rueditas puede ser utilizado dentro o fuera de los armarios. Otro tipo de almacenamiento puede ser brindado por las mesa de luz. Guarde las medias y otros objetos pequeños en fuertes cajones de plástico o cartón.*

Abajo: *Canastos apilables de plástico de colores alegres podrían persuadir a los niños o adolescentes más desprolijos a guardar sus cosas. Se los puede apilar para que formen una sola unidad o una mesita de luz y también se puede esconderlos bajo la cama.*

Arriba: *Estos canastos plásticos apilables pueden ser transportados con facilidad y guardados cuando no son necesarios. Cuando se abren se convierten en agradables cajas de juguetes.*

Arriba: *Esta caja para juguetes de metal es suficientemente sólida como para soportar tratos violentos y los bordes entrantes de la tapa son perfectos para manos pequeñas.*

Los canastos cilíndricos, ovales o cuadrados pueden ser dejados al natural o pintados con colores suaves para combinarse con el estilo de un dormitorio o un baño, y se los puede usar para guardar jabones, artículos de comedor, cinturones, collares, etc.. Un canasto antiguo de los que se usan en las bicicletas tiene la forma ideal para montarlo en una pared por su frente curvo y su parte trasera recta. Se podría usarlo en un hall para guardar las llaves, cepillos de ropa, recuerdos de familia y linternas; en la cocina para guardar cucharas de madera, batidores y espátulas; en el dormitorio o en el baño para jabones, bisutería, cosméticos o accesorios, o incluso como soportes decorativos de flores o plantas.

Bolsas de compras de tela con manijas pueden usarse para guardar toda clase de objetos y colgarse de ganchos o de un perchero, o bien suspendidas cerca del cielorraso mediante una polea

y soga antiguas. Canastos especiales de alambre, bastidores y fundas suspendidos de un gancho en la cocina o el comedor pueden llenarse con frutas y hortalizas y lucen decorativamente, o pueden usarse funcionalmente para secar flores y hierbas de uso invernal.

No deje de lado la utilización de los humildes ganchos montados detrás de una puerta; atornillados en el frente de un estante o un bastidor o fijados a un trozo de madera y fijados a una pared pueden proporcionar la forma de almacenamiento instantáneo más simple. Cuelgue ropas, cinturones, echarpes, bijouterie, vasos y jarros, manojos de flores secas o uno de los contenedores de calzados o sweaters mencionados antes.

Algunos viejos favoritos, como los percheros de madera curvada, pueden ser una buena compra para cuartos con escaso espacio. Úselos para colgar y guardar echarpes, cinturones y prendas de vestir, sombreros, bastones y paraguas.

Equipamiento más grande, con tapas superiores como los baúles, las otomanas o los canastos forrados duplican su utilidad como mesas de café en el living o mesas de luz o de tocador.

Los carritos rodantes de madera, de metal o de alambre proporcionan un buen almacenamiento al instante y además portátil, pues tienen ruedas o rueditas, que permiten llevarlos de un cuarto a otro. Se pueden usar para guardar canastos, cajones o cajas de alambre para tener todo a mano.

Muchas de estas ideas de almacenamiento instantáneo son de fácil transporte y bastante durables. Sin embargo hay cajas y cajones de cartón e incluso de papel duro que se entregan plegados para ser armados por usted mismo. Generalmente se venden en comercios especializados y proveedores por correo. Como es obvio son menos fuertes que los de madera, alambre o mimbre, pero son una excelentes solución transitoria.

ALMACENAMIENTO SIMPLE

No es necesario que los elementos para almacenar sean complicados o diseñados específicamente como componentes pesados o voluminosos. Algunas de las mejores ideas de almacenamiento son las más simples; muchas son de instalación fácil, instantánea y barata. Algunas ideas básicas de almacenamiento son producto de una inspiración súbita y de la necesidad de usar algo que estaba a mano.

Se pueden usar de varias maneras los recortes de trabajos de bricolaje, de decoración y carpintería. Un barral corto de cortinas puede montarse bajo un estante o en una pared y usarse para guardar todo tipo de cosas difíciles de guardar. También se pueden usar correderas de cortinas usando ganchos enhebrados en ellas, si son de feo aspecto. Pueden colocarse de la misma manera tarugos o listones de madera en un hueco o un nicho.

Use una plancha de madera y fíjele tarugos de madera o ganchos de madera o bronce a ciertos intervalos. Fije la plancha a una pared con ganchos y use el conjunto para colgar juguetes, bolsos, paraguas y bastones, prendas de vestir, echarpes o bijouterie. Los ganchos para copas pueden proporcionar el almacenamiento más simple y barato. Fíjelos por debajo o en los bordes de los estantes con un listón de madera o en el interior de las puertas de aparadores o armarios.

Una cartelera familiar puede hacerse con un recorte de cartón o madera terciada revestida con una plancha de corcho para introducir chinches. Use una pieza suelta de cartón perforado para formar un perchero con el fin de colgar pequeños objetos, como las llaves, usando ganchos coloreados. Un tablón de material blando (cellotex) puede ser recubierto con fieltro o tela de billar mantenido en su lugar por tachuelas de tapicería bronceadas; estire una cinta fuerte formando una retícula similar a una rejilla de jardín colocada en diagonales para sostener cartas, postales, fotos, folletos y otros objetos. Por razones de seguridad verifique la firmeza de las fijaciones a la pared, pues se tiende a sobrecargarlos.

Otros objetos pueden adaptarse para guardar cosas; una vieja escalera tijera puede sostener tablones que sobresalgan por ambos lados, pintarse con colores atractivos y usarse como exhibidores con largos diferentes fijados a los escalones. Lo mismo puede hacerse con caballetes de obra para sostener objetos más pesados, especialmente si se combinan con un plano superior firme, como por ejemplo una vieja puerta.

ALMACENAMIENTO ESTILIZADO

El almacenamiento forma parte integral del amoblamiento y de los accesorios de un cuarto, y ciertos estilos decorativos se basan en el sistema de almacenamiento (y en los objetos que se guardan) para conferir personalidad e interés al esquema. Por ejemplo, una cocina de estilo campestre funciona bien con canastos de mimbre llenos de hierbas y flores desecadas o cubiertos y baterías de cocina enfundadas en tela. Las cucharas de madera, los tenedores y batidores de cocina pueden estar en una gran olla de barro o una maceta. Frascos de vidrio llenos de fideos, legumbres, frutas secas, etc., decoran en forma práctica cualquier tipo de cocina.

Una vieja cabecera de cama metálica o de madera, una pantalla de chimenea u otros elementos decorativos reciclados pueden ser colgados de la pared o del cielorraso, arriba de una mesada de trabajo. De la misma manera se pueden colocar barras de acero cromado, ganchos o incluso un trozo de cadena, usándolos para colgar potes, sar-

Arriba: ¡Un uso original para un objeto del hogar! Los peldaños de una escalera pintada sostienen estantes conformando un almacenamiento muy original y fácil de ajustar.

Derecha: Un pequeño baño atiborrado con buenas ideas de almacenamiento. Los canastos colgados guardan toallas limpias, jabones y una mesita triangular tiene estantes inferiores convenientes para guardar frascos, potes y botellas que se usan en el baño.

tenes, implementos de cocina, etc. en un contexto moderno. Del mismo modo se puede adaptar un marco de hierro forjado. Están regresando algunos viejos favoritos de la cocina como tablas de lavar, ventiladores de techo, aparejos y secadores de plato. Estos elementos también pueden usarse en otros cuartos.

En el estilo hi-tech las estanterías industriales y las comunes, los canastos de alambres, etc., con todos los objetos guardados a la vista, agregan color e interés textural. En algunos interiores modernos se utilizan carritos rodantes industriales o domésticos como almacenamientos portátiles y abiertos para botellas, cristales, objetos para el comedor y también para sistemas de alta fidelidad y para guardar grabaciones; así también pueden usarse en el dormitorio o el baño para guardar bisutería o cosméticos y accesorios.

ALMACENAMIENTO "LIVIANO"

Pueden guardarse objetos pequeños en bolsas de zapatos o de compras, tubos de enrollar, unidos a un panel de tela que permite utilizarlos como bolsillos. Estos son buenos para las cosas de los niños, al ser completamente seguros. Pueden colgarse de ganchos o tarugos o detrás de las puertas de armarios, o usarse como bolsas de guardarropas para prendas de vestir.

Los bolsos blandos para almacenamiento en los cuartos de lactantes pueden tomar la forma de

Izquierda: *Esta unidad hecha en casa se ha extendido fuera de los bordes laterales brindando un almacenamiento decorativo adicional y funciona como una práctica división ambiental.*

Abajo: *Una barra metálica extraída de un viejo respaldo de cama está colgada con cuerdas del cielorraso. Los utensilios de uso cotidiano en la cocina se encuentran al alcance de la mano sobre la superficie de trabajo.*

Arriba: *En un cuarto de lactantes se almacenan cosas mediante pequeños canastos de alambre y bolsas blandas colgadas de ganchos.*

una carpa de circo, o de teatro de títeres y usarse para pequeñas prendas, pañales, elementos de limpieza y otros objetos de bebé. Un cuarto de un niño que comienza a andar puede decorarse con personajes de dibujos animados.

Algunos de estos elementos pueden comprarse listos para ser usados, pero es mucho más original que los haga Ud. mismo usando remanentes de fábricas de amoblamientos o vestidos. Utilice las técnicas más variadas de costura, bordado y tejido. Personalice los diseños y el resultado será un toque personal e inconfundible.

RIEL PARA COLGAR

Izquierda: *Un riel con tarugos se extiende tanto como usted quiera a lo largo de una pared, inclusive en los cuatro lados de una habitación. Use los tarugos para colgar canastos, prendas de vestir, objetos decorativos o incluso muebles como los asientos plegables.*

▲ **1** Marque las posiciones centrales de cada tarugo sobre la cara frontal del riel de madera. Si se encuentran en un ángulo dos rieles, marque la posición del primer tarugo a una distancia por lo menos una vez y media mayor que la distancia normal entre tarugos.

▲ **2** Perfore orificios ciegos de 10 mm. de profundidad para incrustar los tarugos. A través del centro de los dos orificios para tarugos ubicados en los extremos del riel, haga agujeros pasantes para colocar tornillos Nº 12 de fijación a la pared, y otros a través de los orificios de los tarugos ubicados a intervalos de 600 mm.

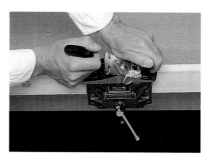

▲ **3** Con una garlopa "mate" los cantos frontales del riel. Antes marque la línea de guía del chanfle con un lápiz, empleando su pulgar para guiarlo. Si en una esquina se encuentran dos rieles, corte esos extremos a 45 grados.

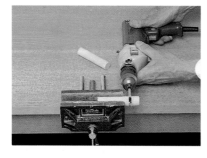

▲ **4** Corte los tarugos de unos 100 mm de longitud y pula el extremo exterior. Haga un pequeño rebaje en este extremo de cada tarugo para impedir que las cosas se deslicen y caigan. Con una lima esta tarea es sencilla. Alise con lija fina envuelta alrededor de un recorte de taco.

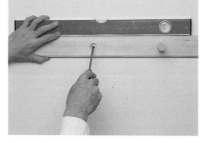

▲ **5** Perfore la pared para ubicar tarugos de tornillos Nº 12 de 50 mm en correspondencia con los orificios ya realizados en el riel. Atornille el riel firmemente y con exactitud.

▲ **6** Aplique cola blanca a la parte interna de los orificios destinados a alojar los tarugos y colóquelos golpeándolos con una maza. Verifique si los tarugos están colocados perpendicularmente a la pared y elimine el exceso de cola con un trapo húmedo.

CARTELERA

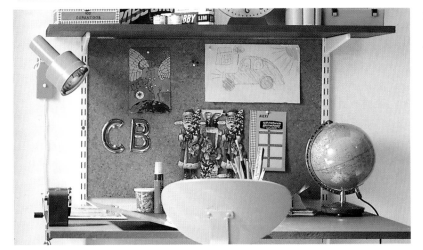

Izquierda: *Un tablero para cartelera es útil casi en cualquier parte de la casa. El de la foto es usado en un cuarto de niños, pero se puede colocar uno en la cocina y en el estudio, detrás de una puerta o cerca del teléfono.*

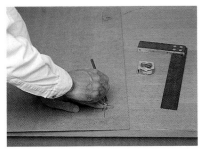

▲ **1** Corte un tablero fino de madera aglomerada para que quede ubicado exactamente entre los parantes de una estantería. Marque sobre el tablero posiciones simétricas para los agujeros. Perfore dos agujeros apenas más grandes que la cabeza de los tornillos de fijación.

▲ **2** Tomando como referencia estos agujeros coloque simétricamente dos ganchos para colgar cuadros - de los cuales penderá el tablero - de manera que rodeen el agujero del tablero.

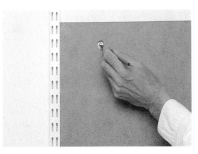

▲ **3** Marque en la pared el lugar de los tornillos, coloque tarugos e inserte tornillos de cabeza redondeada en los agujeros, dejando la cabeza sobresaliendo un poco. Verifique que todo el conjunto quede colocado en su lugar y luego saque el tablero.

▲ **4** Coloque una plancha de corcho sobre el banco de trabajo y córtelo de un tamaño que sobresalga del tablero de aglomerado. Coloque adhesivo para pegar planchas de corcho sobre el frente del tablero de aglomerado y pegue el revestimiento siguiendo las instrucciones del fabricante.

▲ **5** Apoye las dos planchas pegadas con el corcho hacia abajo y usando un cortante retire el sobrante de la plancha de corcho.

▲ **6** Como terminación de los cantos superiores e inferiores del tablero pegue con cola blanca dos molduras como si se tratara del marco de un cuadro. Luego cuelgue el tablero de los tornillos fijados a la pared.

UBICANDO LOS ÚTILES DE TRABAJO

Un hobby puede exigir almacenamiento especial para toda clase de cosas: voluminosos equipos deportivos, de jardinería y de gimnasia, máquinas de coser y de tejer o artículos de pintar y dibujar, adhesivos, pequeñas herramientas, diminutos pinceles y tarros de esmalte para modelos delicados. Tal vez tenga un estudio en su hogar aunque no trabaje en casa, donde necesita colocar libros de contabilidad y archivos. En la actualidad en muchas casas hay una computadora, lo cual requiere una mesa de computación que aloje todo el sistema.

Es ideal ubicar los elementos de trabajo o hobby en un lugar con equipamiento especializado, en un cuarto separado y cerrado; pero con demasiada frecuencia esto no es posible, y tales actividades deben realizarse en otras áreas muy utilizadas para otras cosas. Esto no es tan problemático como parece. Con una planificación es posible encontrar las soluciones.

Izquierda: *Esta pared de almacenamiento es apta para costuras, tejidos y hobbies artesanales y también para una oficina en el hogar. La mesa-escritorio puede plegarse para agrandar el espacio del piso.*

PUESTA EN MARCHA

Si trabaja realmente en el hogar es sensato disponer de un cuarto separado, para mantener el trabajo en orden, privado y alejado del resto de la familia (pequeños dedos inquisitivos, mascotas, etc.) También debería tener en cuenta los aspectos prácticos de la calefacción: podría ser mejor tener algún calefactor instantáneo en lugar de hacer funcionar el sistema central todo el tiempo. En cuanto a la iluminación, necesitará una lámpara ajustable de escritorio que no encandile ni se refleje en la pantalla de monitores; luces en el interior de los armarios que permitan ver los archivos y una iluminación de fondo controlable. Si la naturaleza de su trabajo requiere invitar clientes a su casa, busque una iluminación suave para el lugar donde se realicen las entrevistas.

Las consideraciones funcionales mencionadas son válidas para los lugares donde se realizan otras actividades que demandan una atención sostenida, tales como hobbies y otros trabajos. Aproveche la luz diurna en la mayor medida posible e instale una iluminación artificial adecuada, lo cual podría requerir asesoramiento e instalación por parte de profesionales. Si usa un garaje o un galpón como cuarto de trabajo, la instalación eléctrica debe ser segura, con cables para trabajos pesados debidamente protegidos. Si tiene dudas consulte siempre a un electricista profesional.

Tendrá que tener en cuenta también el lugar donde colocar el teléfono, contestadores y fax, que deben estar al alcance de la mano. Los tomacorrientes deben colocarse en lugares de fácil acceso, evitando la instalación de cables colgantes, que son peligrosos. Si su hobby requiere electricidad para equipos para soldar ubique un tomacorriente cerca del banco de trabajo. Tome precauciones de seguridad si manipula sopletes o substancias cáusticas.

LISTA DE CONTROL

Una vez que decidió cómo trabajar comience a planificar la forma de almacenar sus cosas. Para eso es mejor utilizar lápiz y papel.

Si tiene que preparar una oficina hogareña en el área del living o del comedor o bien en un dormitorio extra, considere en primer lugar cualquier conflicto de intereses. ¿Se necesita usar el escritorio o la computadora en el mismo momento que otro miembro de la familia quiere mirar televisión,

practicar con un instrumento musical, preparar la mesa y servir una comida, o irse a dormir?

De una manera similar no es bueno instalar el banco para hobbies en el garaje si éste debe ser utilizado en el momento en que es necesario tener el auto protegido del sol. Lo mismo sucede si esta actividad debe realizarse en un cuarto determinado, en el baño, en la entrada, en una zona bajo las escaleras o en un aparador de la cocina.

Una vez que usted haya evaluado esta situación puede concluir que tiene sentido pensar en agrandar la casa de alguna manera, tal vez ampliando y poniendo un piso a la boardilla o abriendo el sótano (en ambos casos examine las facilidades para instalar un almacenamiento prefabricado, ver páginas 92-93), inclusive construir una extensión o un edificio separado en el jardín.

Su practicabilidad dependerá del tamaño y la forma de su casa, de la naturaleza de su trabajo o hobby y desde luego, de su presupuesto. Tanto las boardillas como los sótanos sirven para hobbies como mesadas para trenes a escala, marcos de fotos o fabricación de vino; pero no son tan aptos para una oficina hogareña que se usa constantemente o donde es esencial una buena iluminación natural. Tampoco son prácticos los espacios confinados para hobbies que requieren la utilización de calor o substancias que desprenden vapores.

Si el lugar es accesible, se instala una luz adecuada, se mejora la aislación térmica y se coloca un piso firme, las boardillas pueden acondicionarse por poco dinero. Piense en el ruido que hacen los hobbies: instrumentos musicales, juegos activos o el golpeteo de una máquina de escribir pueden molestar a aquellos que quieran dormir

en los pisos de abajo. Probablemente un sótano carezca de luz natural y tal vez sea húmedo y frío, pero eso se podría remediar con algún tratamiento sencillo y una calefacción adecuada. Pero no trabaje con cosas húmedas o muy calientes en los mismos lugares donde almacena cosas que pueden ser afectadas por el calor.

Una vez que haya decidido la ubicación más práctica para su oficina o su cuarto de hobbies, haga una lista de las cosas que necesitará guardar allí, tomando en cuenta lo que pueda suceder más adelante. Si su hobby es la confección de ropa, encajes, tejidos o bordados, puede comenzar con un equipo modesto, pero antes de lo imaginado se encontrará con montones de papeles, algodones, ovillos, fibras, lanas, sedas para bordar y restos de tela que tendrá que guardar. La oficina puede iniciarse simplemente, pero la computadora, los archivos, catálogos, las guías de teléfono y los libros de contabilidad, la papelería de la oficina y posiblemente las muestras, pronto necesitarán ser guardadas.

Abajo: *Una robusta ménsula de estantería sirve para crear una esquina para hobbies. La mesa inclinada puede ser plegada contra la pared cuando no se usa.*

Muchos hobbies exigen herramientas especiales y una superficie de trabajo adecuada. Las herramientas deben ser guardadas tan cerca del área de trabajo como sea posible, arriba, al costado o abajo. En algunos casos los clavos y los tornillos deben ser colocados en prácticas y portátiles cajas debajo del banco de trabajo y así serán mucho más fáciles de alcanzar durante el trabajo de reparación del ciclomotor.

Cuando planifique el almacenamiento tome en cuenta el peso de algunos elementos, tales como máquinas y herramientas, para que los estantes y cajones elegidos puedan soportarlos en forma segura sin combar las bases de los cajones o aflojar de la pared las fijaciones de los estantes. Como se ha subrayado en todo el texto, no sirve construir armarios, tener montones de espacio de cómodas o instalar estantes si no son funcionales, lo cual significa que las cosas deben guardarse sin dañarlas, de tal modo que se puedan ver y alcanzar con facilidad y rapidez.

LA OFICINA EN EL HOGAR

El punto de partida suele ser una mesa o escritorio que puede ser utilizada como superficie de trabajo para la computadora, la mesa de dibujo o cualquier otra cosa, pero también para proporcionar algún tipo de almacenamiento. Un escritorio convencional podría incorporar cómodas y cajoneras con cajones divididos y otros profundos con guías para archivos. Estudie las dimensiones de los módulos de almacenamiento para que se adapten a sus requerimientos. Un escritorio para una computadora necesita por lo menos un ancho de 75 centímetros desde el frente hasta el fondo para poder colocar el teclado frente a la pantalla. Si no fuera factible puede comprar o hacer un estante corredizo para poner el teclado, que debe ser firme y a una altura confortable.

A veces se pueden comprar escritorios de oficina metálicos o antiguos de madera de proveedores de segunda mano. Se les puede dar nueva vida con pintura en aerosol para metales o pinturas o colorantes para madera, así como la aplicación de plantillas con diseños, nuevos frentes de puertas o cajones, o plásticos autoadhesivos aptos para su estilo de decoración (ver páginas 56-58).

Como alternativa a un escritorio use dos juegos de cajones, o bien uno solo y un armario de tamaño similar colocados uno al lado del otro con un espacio entre ambos dejando un hueco para las piernas y vincúlelos con un tablón continuo. Esto podría ser un arreglo más flexible que un escritorio convencional pues puede ajustarse, adaptando la mesada al espacio disponible. Este último puede ser modificado más adelante si necesita un área de escritorio más grande o más

Arriba: *Esta mesa rebatible se combina con el armario de herramientas superior armando un banco de trabajo prolijo para hobbies.*

Abajo: *Una mesa de comedor duplica su utilidad como escritorio. Las puertas corredizas ocultan una estantería y los elementos de una oficina hogareña cuando no se usan.*

pequeña, o bien llevar el arreglo a una forma de L o de U.

Si tiene bastante espacio puede usar cuatro cajoneras o armarios bajos colocándolos "espalda contra espalda" y con un plano de trabajo apoyado en ellas de tamaño gigante, creando un escritorio para dos personas sentadas frente a frente. Verifique que las correderas y los fondos de los cajones puedan soportar el peso de los papeles de oficina, que puede ser mucho, y si fuera necesario refuércelos antes de habilitarlos.

Si tiene que hacer semejante arreglo en un cuarto en el que se hace otra cosa, tal vez pueda ubicar el escritorio en un nicho al lado de la chimenea (almacenamiento en comedores, cocina o living o mesa de tocador y roperos del dormitorio pueden ser utilizados como respaldo) con estantes fijados a la pared por encima para archivos, libros y papeles. Las estanterías ajustables son más flexibles y racionales pues permiten modificar la altura y la profundidad de los estantes a medida que cambian sus requerimientos (ver *Concentrándonos en los estantes*).

A veces puede dedicar toda una pared a este arreglo y si fuera necesario ocultarlo detrás de puertas plegadizas, pantallas deslizantes, persianas o cortinas. Desde luego trabajar mirando una pared no es agradable; tampoco es bueno para la vista trabajar enfrentando una ventana. Se podría usar una ventana circular o arqueada (bow window) (tal vez en un dormitorio de la planta alta) para ubicar el escritorio que se convertiría en una mesa de tocador con un espejo portátil si fuera necesario. Necesitará tener bastante espacio para guardar la computadora cuando no se use, dentro del escritorio o en un armario cercano.

Construir un lugar de trabajo en un armario puede ser una alternativa más práctica, en la entrada, bajo las escaleras (ver páginas 62-63) o en algún otro rincón conveniente. Si se decide por esta opción asegúrese que la iluminación sea adecuada e instalada desde el comienzo. Un nicho o dos paredes en ángulo podrían proporcionar un marco o simplemente sería posible utilizar fuertes parantes para formar una estructura; las puertas pueden ser plegadizas, de tal modo que toda el área quede abierta cuando usted trabaja. Como alternativa puede instalar puertas corredizas, persianas o cortinas para separar el área, lo cual ahorra espacio y dinero. Si usa puertas aprovéchelas al máximo, con ganchos, canastos o estantes en las partes traseras.

Podría no ser posible instalar un escritorio. Una mesa de dibujo plegable puede ser más práctica, si bien recuerde que en general se usan estando de pie. Éstas podrían estar colgando del dorso de una puerta o fijadas en una pared y se des-

plegarían cuando fuera necesario. Algunas otras formas de mesas plegables pueden usarse como superficies de trabajo. En ese caso, el "armario" tiene que ser comprado como un kit, con todos los elementos necesarios para su trabajo, dejando espacio para guardar la mesa plegada o los caballetes.

Este tipo de arreglos también puede adaptarse a un área de hobbies, donde el escritorio se convierte en un banco de trabajo. Algunas mesas de dibujo son suficientemente robustas como para soportar máquinas de coser o tejer u otros equipos. Si necesita un banco de trabajo para trabajo pesado, habrá que incorporarlo al diseño. Tal vez puede encontrar la manera de montar uno sobre ruedas que pueda correrse para trabajar, o incorporarle algún mecanismo deslizante. Una alternativa es un banco plegable portátil.

Use el espacio inferior para almacenamiento utilizando canastos apilables o alguna forma de dispositivos rodantes que puedan sostener objetos usados en el banco de trabajo. Tenga en cuenta si cuando las puertas abiertas quedan abiertas bloquean el paso. Si la mesa de trabajo es usada para trabajos donde interviene el calor, podría ser necesario colocar elementos antiflama en las puertas y debajo del armario y tener a mano un extinguidor.

Arriba: *Ésta es una idea alternativa para una oficina hogareña. Se adaptan unidades modernas de dormitorio que sirven como almacenamiento y escritorio, en tanto que los estantes para libros se ubican bajo la ventana. El conjunto puede volver a su forma de dormitorio cuando sea necesario.*

JARDINERÍA Y JUEGOS

Si su hobby se realiza al aire libre, un cobertizo, un jardín de invierno o un invernadero pueden proveer las instalaciones necesarias para el almacenamiento. Instale un sistema eléctrico adecuado. Se sabe que los jardines de invierno pueden usarse también como cuartos de juegos, zonas para arreglo de flores y talleres de instalaciones. Los sistemas de almacenamiento deben arreglarse armónicamente, sobre todo si tienen varios propósitos y se comunican con la cocina, el comedor o el living principal de la casa. En estos casos los muebles especialmente hechos pueden ser la única solución.

Un cobertizo no siempre es el lugar ideal para guardar las herramientas de jardín y los productos perecederos, a causa de la humedad y la oxidación. Los garajes pueden presentar los mismos problemas, a menos que formen parte de la casa, o se los dote de calefacción y ventilación correctas; pueden ser ideales para las herramientas más voluminosas, incluso instaladas sobre perchas que cuelgan del cielorraso, o bien instaladas sobre una puerta de garaje levadiza. Los jardines de invierno totalmente vidriados son demasiado calurosos en verano e intensamente fríos y húmedos en invierno, a menos que posean dos vidrios y que se encuentren bien ventilados y calefaccionados.

Puede ser problemático ubicar herramientas de jardín muy voluminosas como las cortadoras de césped y las carretillas si no dispone de un cobertizo o un invernadero para guardarlas. Una cuidadosa organización del espacio detrás de las puertas puede alojar colgantes de alambre y un tablero con clavijas para pequeñas herramientas; se pueden usar estantes y armarios angostos para pinturas, y un armario alto para los objetos más grandes. Una estantería industrial con perforaciones permite armar un banco de trabajo y estantes de trabajo, y tener un lugar para guardar equipos de mayor tamaño. También estos lugares pueden servir para guardar elementos deportivos voluminosos como palos de golf, cañas de pescar y raquetas de tenis. Pero no olvide que las armas y las municiones deben ser guardadas por separado en armarios seguros y con llave. Es vital que estos objetos no sean guardados junto con los demás.

Algunos pequeños objetos como mangueras, rodillos, tirantes, secadores, letreros y guantes de jardín se pueden guardar en "bolsillos" o bolsos tejidos unidos a una lona de fondo que puede ser colgada de la pared o detrás de una puerta. Si utiliza yute natural, paño verde o fieltro obtendrá un aspecto particularmente atractivo, y se puede combinar con un delantal y guantes de jardín. Esta técnica de almacenamiento blando puede utilizarse también para otros muchos pequeños objetos, como ovillos de algodón, agujas de tejer, lanas y sedas para bordar. En una vieja cazuela se pueden guardar macetas de flores durante los meses de invierno, y en verano pueden llevarse al patio colocándolas junto con hiedras, lobelias, etc.

Las herramientas de mano y otros equipos de jardinería pueden ser guardados prolijamente en paneles formados por tubos de plástico o de cerámica usados en plomería o desagües. Las macetas se pueden apilar una al lado de otra. Un panel de madera de los usados para vinos, un canasto circular de mimbre, una vieja lechera o canastos colgados del cielorraso con ganchos pueden servir para este mismo fin.

En un cuarto de servicio alto, en una gran cocina, en un jardín de invierno usado para trabajar o en el garaje se pueden fijar aireadores de ropa colgados de una polea. Son ideales para los canastos llenos de flores y hierbas desecadas o elementos para los arreglos florales. Pueden servir para almacenar reposeras plegadizas, equipos de playa y camping, redes para canchas de tenis, palos y mazas de croquet, palos de polo, esquís u otros equipos de juegos estacionales, cuide de no

Abajo: Una forma colorida de guardar herramientas de jardín: se armó un cobertizo completamente externo para proveer un almacenamiento práctico y decorativo. La pintura se combina con la mampostería externa.

sobrecargar los soportes y asegurarse de que todos los bultos suspendidos sobre la cabeza no se le caigan encima.

Sería práctico usar estos colgaderos para los equipos deportivos abultados o bien utilizar el tipo de perchas tubulares usadas en las tiendas de venta de ropa, en especial si tienen implementos para ubicar calzado. También puede adaptarse al uso doméstico equipamiento industrial para colgar. Estos colgaderos pueden esconderse en un armario bajo una escalera, en un garaje o porche, detrás de un biombo o una cortina. Una estantería adicional puede colocarse encima.

Un carrito de supermercado o de los usados en los aeropuertos con malla de alambre es un buen método para almacenar cosas que necesitan moverse. Estos equipos tienen ruedas muy sólidas que permiten moverlos con facilidad. Para evitar que el contenido de estos carros se llene de polvo pueden forrarse con tela o material plástico de colores atractivos. Búsquelos en una guía in-

dustrial o pida en su supermercado la dirección de los proveedores de estos objetos: podría conseguir uno de segunda mano y darle nueva vida con un aerosol de color excitante.

Otros implementos usados en negocios pueden adaptarse igualmente bien al hogar: biombos de rejas o mallas, con tarugos y grandes ganchos metálicos, en los cuales se pueden deslizar paquetes; bases acanaladas para pequeñas botellas y otros productos cosméticos, estanterías para artículos de librería. Todos estos elementos se pueden adaptar para almacenar herramientas, elementos de hobby y de oficina hogareña. Busque lo que necesita en catálogos comerciales o pida asesoramiento en los negocios.

Abajo: *Un lugar en el cuarto de servicio que sirve para guardar cualquier cosa, duplica su utilidad como cuarto de hobbies. Muchas cosas están colgadas de la pared mediante ganchos especiales, para mantenerlos prolijamente fuera del camino, o están construidos para plegarlos cuando no son utilizados.*

Abajo: *Una mesa de dibujo para arquitectos puede ser usada en el hogar. La tapa se rebate y la mesa puede usarse para otras actividades.*

MANUALIDADES

Si su hobby requiere guardar muchas cosas de dimensiones diferentes, desde planchas de madera y herramientas hasta pequeños tarugos, clavos y tornillos, pueden resultar nuevamente útiles los casilleros verticales si tiene espacio sobre la mesada de trabajo o en un armario adecuado. A menudo es más práctico guardar las cosas más pequeñas en frascos de vidrio o de plástico transparente para poder ver qué tienen de un vistazo. Estos frascos pueden guardarse fijando las tapas a la parte inferior de un estante para alcanzarlo sin problemas.

Existen en las casas de hobbies cajas divididas en compartimentos pequeños y cajones de distintos tamaños, o contenedores apilables y transparentes. Estos productos también pueden ser usados para guardar elementos para hobbies más "livianos" como la costura, los tejidos y los bordados. Muchas cajas de herramientas, contenedores plásticos, recipientes y platos para microondas se pueden usar también con este propósito. Una olla de barro para cucharas y tenedores de madera sirve para guardar agujas de tejer, gan-

Arriba: *Las herramientas de carpintería y bricolaje están guardadas en un aparador con puertas corredizas, colgado de la pared. El conjunto es estrecho y ahorra espacio y se puede montar sobre un banco de trabajo o una parte de la cocina.*

Izquierda: *Aproveche al máximo un área bien iluminada bajo la ventana. Las cajoneras están unidas por un plano de trabajo recubierto en melamina, conformando un pupitre y una superficie apta para dibujo o hobbies. Los estantes montados en la pared a cada lado y por encima de la ventana aprovechan al máximo el espacio disponible.*

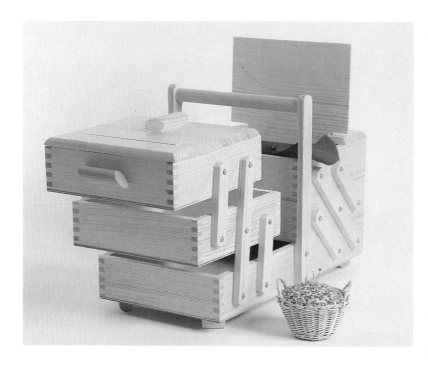

Izquierda: *Una caja de madera prolija guarda elementos para coser. Al abrirse muestra seis compartimientos separados. La caja se cierra para llevarla fácilmente con la manija integrada al conjunto.*

Abajo: *Un canasto revestido de tela guarda la costura en realización e incorpora un contenedor de carreteles con hilo de algodón.*

chos de crochet, pinceles, herramientas de tapicería, escultura de arcilla o una caja de destornilladores.

ALMACENAMIENTO PORTÁTIL

A menudo es más fácil guardar artículos para los hobbies livianos mencionados en contenedores portátiles para llevarlos de un cuarto a otro, o en su auto. Un banco de trabajo portátil es un objeto útil que se puede guardar o cubrir hasta que lo necesite; es un lugar ideal para colocar una máquina de coser o tejer. Si necesita una superficie muy ancha para trabajar coloque una puerta vieja en forma horizontal. Las escaleras plegadizas de los albañiles pueden ser igualmente útiles e incluso una robusta tabla de planchar plegadiza.

Las cajas y los canastos de costura pueden usarse también para poner pequeñas herramientas y tarros de pintura. O bien revista un canal profundo con tela con bolsillos en su parte externa para colocar algo. Un canasto revestido para funcionar como joyero y algunas bolsas de compras pueden ser útiles para guardar pequeños objetos.

Una caja con pequeños pernos sobresalientes puede servir para guardar carretes de hilo o de soldadura. Estas cajas pueden ser provistas de una manija para su traslado o bien guardarse dentro de una canasta que funcione como un costurero, acompañada de tijeras, agujas de coser y equipo para remendar.

También puede usar una caja de herramientas de metal portátil como costurero, pero será muy pesada para trasladarla de un lado a otro.

Adapte una caja, un canasto revestido o un viejo baúl de picnic como un almacenamiento fácil de transportar incorporando cajas deslizables o moldeadas. Deje espacio para otros recipientes y trate de sumarle una caja con divisiones para los carreteles de algodón.

De una manera similar pueden usarse canastos plásticos apilables, organizando eficientemente su interior. También pueden usarse canastas de cartulina y unidades plásticas de almacenamiento (ver pag. 72-75).

TABLERO DE HERRAMIENTAS

Arriba: *La chapa para un tablero de herramientas puede ser fabricada empleando placas de cartón prensado (hardboard) con o sin orificios prefabricados. Todo estará inmediatamente a mano si se cuelga de la pared, lo cual es preferible a guardarlo en una caja o en un bolso.*

▲ **1** Un tamaño conveniente para un tablero de herramientas es 900 x 600 mm; incluso con las herramientas colgadas del mismo es posible moverlo. Apoye este tablero en forma horizontal y ubique las herramientas de la mejor manera posible. Tenga en cuenta que cualquier herramienta suspendida necesita un pequeño espacio por encima para retirarla. De manera similar, aquellas herramientas que se sostienen con clips laterales necesitan un cierto espacio de cada lado para que los clips puedan abrirse. Cuando la disposición esté lista marque el perfil exterior de cada herramienta sobre el tablero.

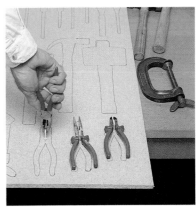

▲ **2** Decida qué tipo de soporte usará para cada herramienta (clips o ganchos) y perfore orificios piloto para luego colocar los tornillos. Se pueden usar ganchos angulares o curvos, de a uno o en parejas, según sean los objetos a guardar. Los pernos revestidos de plástico son mejores para evitar el peligro de corrosión en herramientas metálicas. Revista los pernos con material blando para impedir daño en los revestimientos plásticos de sus herramientas. Atornille cada perno al tablero en una posición en la que agarre las herramientas sin que puedan caerse.

▲ **3** Atornille parantes para colgar la estantería de la pared midiendo el lugar donde se colocarán, para lo cual coloque un parante suelto sobre el dorso del tablero sobre una línea previamente marcada y coloque las ménsulas que sostendrán el tablero en las ranuras, tal como quedarán una vez colgadas, y marque la posición de los tornillos. Trace una línea horizontal para marcar la misma altura del otro parante y repita el proceso.

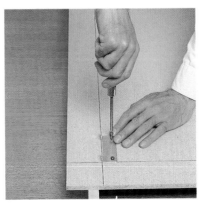

▲ **4** Atornille los soportes del tablero con tornillos para aglomerado. Pruebe el tablero sobre los parantes que lo sostendrán para verificar que las ménsulas se afianzan firmemente y que está sostenido con la fortaleza adecuada. Cuelgue las herramientas en su posición.

▲ **5** Mida la distancia entre los parantes y marque en el tablón que servirá como estante el lugar donde irán las ménsulas, luego atorníllelas a la parte inferior del estante, asegurándose que se pueden colgar de ambos parantes. El estante es útil para guardar objetos voluminosos y para mantener las herramientas en uso fuera del tablero. En este tipo de estantes las ménsulas deben estar atornilladas por seguridad.

ILUMINACIÓN DEL ALMACENAMIENTO

Un aspecto importante del alma-cenamiento consiste en proveer una adecuada iluminación. Si usted no puede ver lo que ha almacenado o no puede disfrutar plenamente de una decoración durante la noche no sirve tener armarios profundos, ele-gantes estantes exhibidores en los cuartos o ingeniosos sistemas plega-bles. Esto significa que debe tomar algunas medidas prácticas al iniciar la instalación. Necesita definir la ma-nera en que colocará los cables, in-terruptores, artefactos de ilumina-ción, etc., lo que puede requerir el llamado de un electricista. Si tiene que hacer estos artefactos a medida, discútalo con el carpintero o el espe-cialista en muebles. Si el almacena-miento lo instala usted mismo pre-vea estas actividades. Algunos mue-bles que se compran sueltos ya traen un sistema de iluminación in-corporado, pero se necesita enchu-farlos al sistema eléctrico.

Arriba a la derecha: En esta co-cina campestre, spots ocultos iluminan estantes de exhibi-ción. Artefactos montados por debajo de los aparadores ilumi-nan la superficie de trabajo.

Derecha: En un garaje que se usa también como lugar de trabajo hay una buena luz natural a tra-vés de paneles vidriados en el te-cho. La iluminación nocturna es provista por un barral de spots so-bre el banco de trabajo y los pa-neles para guardar herramientas.

HISTORIA INTERIOR

Si usted tiene armarios muy profundos, una despensa oscura, un lugar grande de almacenamiento bajo las escaleras o cualquier lugar similar, tiene que iluminarlo para usarlo. Por lo común un porta-lámparas y una bombilla son perfectamente ade-cuados, aunque una hilera larga de aparadores puede necesitar varios. Tenga en cuenta el calor de las lámparas, por lo cual un tubo fluorescente

mucho más frío es una opción mejor, especialmen-te si la luz debe ubicarse cerca de las prendas. También es posible instalar pequeños calentado-res cilíndricos colocados en la parte de abajo del aparador, porque el aire caliente se eleva.

Un interruptor colocado en el marco de la puerta posibilita que la luz se encienda automáti-camente al abrir la puerta. Si esto no fuera posi-ble, coloque el interruptor fuera de la puerta. A ve-

ces puede utilizarse un artefacto con interruptor incorporado. En un aparador alto puede usar un in-terruptor de cadena para prender la luz.

Si esto no es práctico se puede usar una ilu-minación externa para el almacenamiento. Una hi-lera de luces que miran hacia abajo justo encima de una hilera de aparadores puede ayudar a ilumi-nar el interior de un armario. Una luz difusa contra una pared brinda una iluminación pareja. Spots

Derecha: *Spots embutidos en el techo iluminan los aparadores y la superficie de trabajo. Lámparas que se levantan y bajan están montadas sobre un bar curvo de esta cocina moderna.*

Abajo: *Una iluminación suave de fondo en un living tradicional es provista por lámparas de luz difusa, lámparas de mesa, y las luces de un exhibidor de cristal; todos están conectados a distintos circuitos para un control flexible.*

nas de bajo voltaje. Evite las luces frías y ásperas que pueden encandilar, y si tiene que recurrir a tubos fluorescentes, utilice un color blanco cálido preferentemente a las luces frías, llamadas "luz de día".

Si se incorporan a la construcción estantes exhibidores, aparadores o unidades de almacenamiento de cualquier tipo, tome en cuenta la iluminación al hacer el proyecto. Una luz escondida arriba de una alcoba, oculta detrás de un arco, un barral o un alero, ilumina los estantes suavemente desde arriba, pero habrá algunas sombras en los estantes inferiores. Los estantes de cristal u otros transparentes parecen mágicos iluminados desde abajo, de tal modo que una luz simple en la base de la estantería parece lo mejor. Tenga en cuenta el calor que producen estos equipos.

En algunos casos una tira angosta de iluminación bordeando los estantes es una opción mejor, pero no debe encandilar, de modo que debe esconderse detrás de una tabla o un listón. Hay sistemas flexibles de bajo voltaje que pueden usarse para destacar las estanterías.

Los sistemas de estanterías básicas instalados en nichos pueden ser iluminados desde los costados o desde arriba, y también se pueden colocar luces individuales agarradas a los estantes, creando un resplandor agradable sobre un grupo de objetos en un área pequeña. Esta iluminación puede ser eficaz si se adapta al estilo del cuarto. Evite utilizar demasiados barrales flexibles.

En el baño o el dormitorio se puede combinar la exhibición y el almacenamiento iluminando un espejo. Algunos gabinetes vienen con un espejo iluminado, pero a menudo esta iluminación es inadecuada. Trate de que ilumine el rostro con claridad, no el espejo, sin resplandor, encandilamiento o sombra. La solución podría ser rodear al espejo con luces o colocar algunos reflectores simples. Recuerde que las luces de los baños pueden representar un riesgo con el vapor o la condensación, de tal modo que los interruptores deben ser de materiales aislantes.

montados en un riel funcionan bien si están correctamente dirigidos.

ILUMINACIÓN DE EXHIBIDORES

Estantes abiertos, huecos en nichos, gabinetes con frentes de cristal y sistemas hi-tech de almacenamiento lucen mejor si los ilumina correctamente. Esto debería dar una visión del color natural; para esto son recomendables luces halóge-

ALMACENAMIENTO EN PAQUETE

Se pueden conseguir kits con estanterías completas, aparadores y unidades de cocina, armarios, escritorios, cajones, módulos para alta fidelidad y muchos otros elementos en paquetes listos para ensamblarlos en casa. Se los puede encontrar en grandes proveedores de muebles o hipermercados donde venden equipos de bricolaje; vienen listos, con un libro de instrucciones para darse una idea de la facilidad con que se puede ensamblar.

Algunas empresas los entregan a domicilio, lo cual es esencial para un bulto voluminoso como un guardarropa. Otros lo ayudan a transportarlo en su auto. Es sabio considerar el esfuerzo que llevar estos bultos puede ocasionar al techo de un auto moderno, sobre todo si no tiene colocado un portaequipaje; por lo tanto coloque elementos para preservarlo. Si es necesario, contrate un transporte, con un costo adicional.

Verifique que las medidas correspondan al lugar donde se va a colocar y que contendrán lo que quiere guardar. Consultando el folleto generalmente puede obtener las principales dimensiones. Deje claro que si las medidas no coinciden con las de su casa podrá devolver la compra, con la consiguiente devolución del dinero.

ENSAMBLANDO

Una de las ventajas de los muebles vendidos en paquetes es la facilidad con que se pueden desplazar por la casa. Son ideales para amueblar el altillo u otros espacios de acceso restringido o difícil. Estos elementos pueden ser introducidos incluso a través de una puerta trampa y armados en el lugar. No obstante, no siempre es fácil sacarlos de nuevo, sobre todo una vez que están armados y pintados, porque al desarmarlos pueden deteriorarse.

El proveedor y probablemente el folleto sobre el mueble, le dirán que "la instalación es tan fácil que un niño de 5 años lo puede hacer y todo lo que usted necesita es un destornillador" etc. Pero esto no es necesariamente cierto. Ante todo pida ver las instrucciones y compruebe exactamente lo que necesita en materia de tornillos, clavos, cola, etc., y si están incluidas en el paquete. En caso contrario asegúrese de comprar estos elementos en cantidad y tamaño correctos junto con el mueble. No hay nada más decepcionante que llevar un mueble a la casa y descubrir que no lo puede armar enseguida. Verifique también qué herramientas necesita. Con frecuencia hacen falta de varios tamaños y tipos, incluyendo destornilladores comunes y ti-

Arriba: *En algunos rincones puede usarse para muchos fines distintos una estantería elemental de origen industrial, con estantes de alturas regulables. Píntela para que* *contraste con las paredes, de tal modo que sobresalga, o al tono para que se esfume en el fondo.*

po Phillips. Si no las tiene, calcule el costo adicional al del mueble. En algunos casos, si se requieren herramientas especiales, puede alquilarlas por una fracción de lo que cuesta comprarlas (por ejemplo, serruchos de buena calidad, si debe hacer muchos cortes).

Es una buena idea abrir el paquete en el negocio si usted mismo lo llevará, para verificar si éste contiene todo lo que debe tener. A veces faltan tornillos esenciales o las instrucciones. Verifique que las instrucciones correspondan a la pieza comprada; no es raro encontrarse con instrucciones que no son para lo que compró. Si le entregan

el paquete, ábralo y verifique todo esto antes de firmar el remito.

Antes de comenzar la construcción despeje el espacio necesario. Si hace el armado en un garaje, el hall o la entrada, asegúrese de poder pasar el mueble por la puerta cuando esté terminado. Ponga todos los componentes sobre papel madera o diarios viejos, sobre una hoja de plástico y con las instrucciones en la mano controle cómo se acomodan las piezas. Si fuera necesario numere las piezas, desempaquete tuercas, clavos, bisagras y manijas y cuéntelas para estar seguro que tiene suficientes. Luego guárde-

Arriba: *Un armario de uso en diferentes ámbitos puede ser adquirido en grandes proveedores de equipamiento prefabricado, y armado en cocinas, cuartos de servicio o incluso en dormitorios.*

Derecha: *Una variante de kit de estanterías: parantes metálicos en ángulo y estanterías ubicadas en un cuarto infantil se combinan con canastos plásticos para obtener un ahorro adicional de espacio.*

los en un recipiente con tapa para evitar que se pierdan.

Ensamble siguiendo en forma literal las instrucciones. Se suele construir primero el esqueleto, pero esto depende del tipo de mueble; a veces se ensamblan antes las puertas o las cajoneras. En ocasiones resulta práctico pintar, colorear o terminar de cualquier otro modo las piezas, pero recuerde que después de esto no podrá cambiarlas si no encajan.

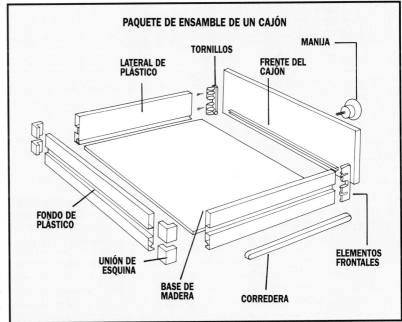

PAQUETE DE ENSAMBLE DE UN CAJÓN

MANIJA

TORNILLOS

LATERAL DE PLÁSTICO

FRENTE DEL CAJÓN

FONDO DE PLÁSTICO

UNIÓN DE ESQUINA

BASE DE MADERA

CORREDERA

ELEMENTOS FRONTALES

Arriba: *El despiece de un cajón muestra con cuánta facilidad se puede construir e instalar muebles para ensamblar en casa. No todos los kits vienen con tales diagramas gráficos y usted puede descubrir que "constrúyalo usted mismo" ¡se basa en su ingenuidad!*

INDEX

A

Altillo, guardar en el, 6, 7
Alacenas
 Reparación de puertas, 57
 Compra de nuevas, 50
 Pintura y teñido, 54
 Compra de segunda mano, 52, 53
Alacenas de cocina
 Revestimiento con laminado decorativo, 56
 Frentes de puertas y cajoneras, renovación, 51
 Pintado de muebles de melamina, 51
Almacenamiento
 Debajo de la cama, 7, 70, 71
 Debajo de la escalera, 61, 63
 Decorativo, 76, 77
 "De pared", 80
 De seguridad debajo del piso, 7
 En altura, 6
 En el altillo, 6, 7
 En paquete, 92, 93
 "Liviano", 77
 Portátil, 88
 Simple, 76
 Temporario, 6
Almacenamiento rápido
 A la vista, 73
 Algunas ideas, 73, 75
 Cestos, 74, 75
 Distintos tipos, 72
 Planeando, 72
Amoblamiento con muebles sueltos, 8, 19
Aparadores
 Amurados, 18
 Compra de nuevos, 50
 Compra de segunda mano, 52, 53
 Con puertas de alambre tejido, 58
 En rincones, 14
 Muebles independientes, 19
 Pintura y teñido, 54
 Puertas con espejos, 11
 Puertas con paneles de hojalata repujada, 59
 Reponiendo puertas, 57
 Restaurando puertas, 56
Area de comidas
 Elección del diseño, 22
 Planificando, 11
Armario para ropa de cama, 8, 9, 26
Armarios debajo de la escalera, 7

B

Bajo escaleras, 62, 63
Baño
 Cestos colgantes, 76
 Elección de diseños, 26
 Estanterías elevadas, 6
 Guardando debajo del lavatorio, 7
Bodeguitas de vinos, 22, 68

C

Cajas plásticas, 75
Cajoneras en muebles sueltos, 19
Cajones de plástico para ropa, 11
Camas, guardar debajo de ellas, 7, 70, 71
Canastos, 74, 75
Cartelera del hogar, 79
Cocina
 Almacenamiento eficiente, 10
 Almacenamiento en altura, 6
 Aprovechando el espacio al máximo, 24, 25
 Area de comidas y espacios para guardar, 15
 Decisiones de diseño, 24
 Estantes en una chimenea clausurada, 67
 Iluminación, 90
 Rejillas de pared, 25
Colgantes, estantes, 6
Cortinas en nichos, 64
Cosméticos, su guardado, 16
Creando lugares para guardar, 6
Cuarto de los niños
 Compartido, 30
 Cuando empiezan a caminar, 29
 De adolescentes, 31
 De bebé, 28
 Decidiendo el diseño, 28-31
 De escolares, 30
 Guardar juguetes, 28
 Para estudiar, 31
 Requerimientos especiales, 28

D

Dormitorio
 Crear un nicho, 60

Elegir un sistema, 27
 Guardar decorativamente, 29
 Guardar en altura, 6
 Guardar en él, 7, 16
 Guardar instantáneamente, 74
Decisiones de diseño
 En el baño, 26
 En el cuarto de los niños, 28-31
 En el dormitorio, 27
 En el estudio de la casa, 23
 En el hall, 23
 En el living, 20, 21
 En la cocina, 24
 En la oficina de la casa, 23
 En las áreas para comer, 22
 Tipos de almacenamiento, 18
Despensas, 9, 24
 Hasta el cielorraso, 18

E

Equipos electrónicos, su guardado, 69
Equipos deportivos, su guardado, 85
Espacios "muertos", 6
Especieros, 35
Estanterías
 Ajustables, 41, 43
 Bordes, 47, 48
 Bordes con diseños repetidos, 6
 Bordes decorativos, 48, 49
 Bordes en forma de almenas, 49
 De vidrio, 33
 Diferentes formas, 32
 Eligiendo tipos y materiales, 40
 En nichos, 38, 39
 Especiero, 35
 Estantes para platos, 36, 37
 Exhibidor de platos, 34
 Exhibidores, 33
 Fijaciones, 45
 Fijos montados en la pared, 44
 Iluminación, 40
 Instantáneas, 43
 Lista de control, 44
 Materiales, 45
 Materiales de acuerdo a las cargas, 45
 Para elementos de alta tecnología, 33
 Parantes de chapa en ángulo, 14
 Sistemas ajustables prefabricados, 42
 Sobre chimeneas, 34
 Su decoración, 46, 49
 Variedad de soportes, 44
Estantes
 Bodeguitas para vinos, 22, 68
 Colgantes, 6
 Colgantes con poleas, 6
 Especieros, 35
 Para herramientas, 89
 Para platos, 36, 37
 Rejillas de pared, 25
Exhibidores, iluminación, 91

G

Garaje, guardado en él, 10
Guardado de ropa de cama, 16, 17, 26

H

Hall, decisiones de diseño, 23
Hobbies, guardado de útiles
 Almacenamiento, 88
 Herramientas especiales, 82
 Iluminación, 81
 Jardinería, 84
 Juegos, 84, 85
 Lista de control, 81, 82
 Manualidades, 87
 Planificando, 80
Hobbies, mesa de trabajo, 87

I

Iluminación
 De estanterías de vidrio, 40
 De estanterías en general, 11, 90, 91
 De exhibidores, 91
 Del área de hobbies, 81

J

Jardinería, guardado de herramientas, 84
Juguetes y juegos
 Carritos portátiles, 75
 Su guardado, 17, 28

L

Libros, estantes para, 6
Living
 Eligiendo diseños, 20, 21
 uardando en él, 16
Lugar de estudio, decisiones de diseño, 23
Lugares de almacenamiento
 Bajo escalera, 61, 63
 Bajo escaleras y aleros, 62, 68
 Bajo la cama, 70, 71
 Nichos, 64, 68
 Para equipos electrónicos, 69
 Usando el "espacio natural" al máximo, 60, 61

M

Mueble de pino sin terminar, su decoración, 55
Muebles independientes
 Compra de segunda mano, 52, 53
 Compra en remates, 53
 Decorado de muebles de madera
 sin terminación, 55
 Pintado y teñido, 54
 Removido y lijado de pintura vieja, 53
 Restauración, 53
 Técnicas de decorado, 52

N

Nichos
 Cortinados, 64
 Estanterías, 38, 39
 Fijando puertas, 65
 Guardando en ellos, 64, 68
 Haciendo uniones de madera, 66
 Riel de cortina, 66, 67

O

Oficina en casa
 Armarios, 83
 Bajo escalera, 63
 Eligiendo diseños, 23
 Escritorios, 82, 83
 Planificando, 82, 83

P

Pisos, su colocación luego de amurar muebles, 20
Planificación
 De almacenamiento instantáneo, 72
 En áreas de comidas, 11
 Maquetas a escala, 12, 14
 Modelo tridimensional, 10
 Necesidades de más espacio, 8
 Plano a mano alzada, 13
 Plantillas, 12
 Realizando mediciones, 9, 10, 12
Platos, estantes para, 6, 36, 37
Puertas
 Ahorradoras de espacio, 13
 Arreglo, 57
 Con espejo, 11
 Con paneles de hojalata repujada, 59
 De tirar y subir, 8
 Restauración, 56

R

Remates, comprar en, 6, 7
Riel para colgar, 78
Ropa de cama, su guardado, 16, 17
Ropa de vestir, su guardado, 16
Roperos
 Amurados, 18
 Planificando su interior, 9
 Su iluminación, 90

S

Sistemas de almacenamiento
 Agregando espacios, 15
 Flexibles, 15, 19
 Listos para que usted los coloque, 27
Sistemas de entretenimiento, 69

T

Tablero de herramientas, 89
Trabajando en casa, 81

U

Unidades modulares, 19
Uniones de madera, 66
Utiles de trabajo, guardado, 80-93

V

Ventanas, guardando debajo de ellas, 6, 21